说服力

高效公众说服的六大黄金步骤

陈海燕◎著

地震出版社
Seismological Press

图书在版编目（CIP）数据

说服力 / 陈海燕著 . — 北京：地震出版社，2022.1

ISBN 978-7-5028-5338-9

Ⅰ．①说… Ⅱ．①陈… Ⅲ．①说服－语言艺术－通俗读物 Ⅳ．① H019-49

中国版本图书馆 CIP 数据核字 (2021) 第 172090 号

地震版 XM4952/H（6137）

说服力

陈海燕　著

责任编辑：凌　樱

责任校对：鄂真妮

出版发行：**地震出版社**

北京市海淀区民族大学南路 9 号　　邮编：100081

发行部：68423031 68467991　　　传真：68467991

总编室：68462709 68423029

编辑四部：68467963

E-mail：seis@mailbox.rol.cn.net

http://seismologicalpress.com

经销：全国各地新华书店

印刷：三河市九洲财鑫印刷有限公司

版（印）次：2022 年 1 月第一版　　2022 年 1 月第一次印刷

开本：710×1000　　1/16

字数：204 千字

印张：14.5

书号：ISBN 978-7-5028-5338-9

定价：52.00 元

推荐序：说服他人是一种能力

认识海燕老师很多年了，她一直躬耕于教育事业，正心正念地践行着"成就他人，成长自己"的使命和责任。她以其严谨的专业态度和精湛的专业能力助力于各大中小企业突破发展瓶颈，帮助企业实现快速提升、招商引资、终端运营、利润倍增等方面取得诸多不菲的佳绩。欣闻她的著作即将出版，甚感欣喜。特为此作序，并将此书隆重地推荐给大家，相信这是一本值得你细细品读的好书，深读后定会有所收益。

当今的社会，我们几乎每天都要与他人进行沟通。只要沟通，就需要说服，因为我们要让别人听懂我们的话语，接受我们的意见或者方法。所以说，谁拥有高超的说服力谁就占有举足轻重的地位，无论是生活还是事业，往往都会事半功倍。那么怎样才能让自己拥有高超的说服力呢？相信你在《说服力》这本书中一定能够找到你想要的答案。

说服，是指说服者巧妙地运用各种可能的说服手段（媒介），直接作用于人的五觉系统（视觉、听觉、味觉、嗅觉、触觉），进而间接地作用于人的潜意识与意识（也就是人们常说的心和脑），从而影响人的心态和思想，甚至进一步主导人的意志及改变人类行为的一个目的性很强的活动过程。而说服力，则是指说话者运用各种可能的技巧去说服受众的能力，它具有对他人意志的改变作用，可以调动他人自觉地去做事情，这样将大大地提高成功的可能性。

在任何时候，说服力都是你可以随身携带的秘密武器，是你获得成功最重要的因素。无论做人处事，无论团体或个人要取得成功，说服力都不可或缺，甚至在战略上的沟通，人际间达成共识也是需要说服力。简单讲，只要你与人沟通，你的语言就必须要具备说服力，就要为既定目标达成不断地提高说服他人的能力。

三国时，刘备求才若渴，同关羽、张飞冒着大风雪三顾茅庐，才打动了诸葛亮的心，成就了一番事业，青史留名。当代也有很多的英雄豪杰因为具备超高的说服力而创建伟业。常有人把说服力和伶牙俐齿画上等号，也有人认为要说服他人，一定要长篇大论，洋洋洒洒，其实说服别人除口才之外，还要以诚服人，以理服人，以智服人，这样才能真正地说服他人，而如何真正地说服他人是需要策略和技巧的。所谓技巧，就是指方法，如何让自己提高说服能力，这本书里面均有详细的介绍，值得你细细品读。

此书全面阐述了提高说服力的技巧和方法，这是一本实用性很强的工具书，其详细介绍了提高说服力的实用性技巧，如：说服发问技巧、说服的三段式技巧、如何有效运用肢体语言、台风四定法则、说服精彩结尾四部曲等内容；其中本书还以"公众演说"为说服主线，详细诠释了公众说服的技巧和六大黄金步骤、商业演讲的说服成交技巧等，最后又分别从事业与家庭生活层面介绍了面对的沟通对象不同、说服力的方法也不同来诠释说服力的技巧，是不折不扣的实用实效且能够有效实践的好图书。

再次隆重地推荐给大家，相信一定能够给你带来帮助，助力您说服他人，达成人生目标，取得不一样的成就！

中国节税工程创始人、《忠诚胜于能力》作者：邱庆剑

自序：如何说话才能说服他人

当前，我们正处在一个风云变幻的移动互联网时代，人们的工作和生活节奏十分快速，因此高效沟通显得尤为重要。无论是工作沟通、公众演讲、生活交流，还是销售洽谈、商务谈判，拥有说服力都是事业发展和幸福指数提升的有效利器。

然而，说服力并不等于强势沟通。很多时候，人们在说服对方的时候往往急于把自己的观点和想法灌输给对方，希望对方接受，并没有考虑到对方的想法，这样即使对方暂时接受，最终也不会信服。这也就是为什么我们身边总会出现很多无效沟通的原因。

说服力可以让你巧妙地运用说服技巧，在良好的沟通氛围下影响和改变他人，使对方乐意接受你的观点，它是口才、沟通、情商、智商、学识等元素的综合体。多一分说服力，你就多一分魅力。拥有说服力，可以让你的未来更加精彩，这也是每一个成功者的基本功。说服力并不是与生俱来，它可以通过后天的学习，然后进行思考，消化吸收，最后在日常生活中灵活运用，相信用不了多久，你的说服力就会不断提高。本书是一本全面解读说服力的书籍，内容涵盖了说服力的方方面面，并从实用性的角度出发，通过对具体案例的解读，再融入相关专业知识，深刻阐述了说服力的诸多理论知识和实战方法，达到有效地说服他人。

本书第一部分以"拥有说服力，你的未来更精彩"为主线，详细介绍了掌握说服力的重要性、说服的三段式、如何用故事来进行说服的方法、台风四定法则、如何有效运用肢体语言、说服发问技巧以及精彩结尾四部曲等说服他人的实用性技巧。第二部分则以"公众演说"为说服主线，辅以说服公众的三板斧为牵引，详细诠释了有效练就公众说服的技巧和公众说服的六大黄金步骤、如何梳理演说的逻辑结构来有效说服成交技巧等公众说服的实效性技巧。第三部分以"沟通对象不同，说服力的表现也不同"为切入点，从职场层面：老板、上司、下属、同事、客户等沟通对象阐述如何运用说服力的技巧完成商业沟通；还从家庭层面：长辈、孩子、亲朋好友等沟通对象来讲述如何运用说服力的技巧达成温情沟通。可以说这是一本切实有效且全方位解读说服力的实用图书，更是一本提升个人说服能力且可读性很强的沟通工具书。为了让读者获得具体可行的说服办法，本书详细阐述了提升说服力需要做到的各个细节，且语言简洁易懂、条理清晰。希望读到此书的读者朋友，在与他人交流的过程中能够灵活运用书中的说服方法和技巧，不断进行实践，并形成自己的说服语言风格，最终成为一名真正的说服高手。

在本书的创作过程中，得到广大老师、朋友们的鼓励与支持。在此，特别感谢恩师 吴晓春、邱庆剑、陶柏余、闵汝贤、张显康、徐进财、朱凌、赵巧梅、陈诗权、蒋春明、黄海浪、罗启东、王永锋、马梅、陈飞、施晓娟、任力、何明艳、彭忠富、袁可接、王晓龙、陈磊、毛俊杰、袁茹锦、徐洪刚、刘淑华等良师益友，更感谢一直以来支持我的企业家朋友们，最后感谢父母家人的支持与理解！感恩大家！由于时间仓促和自身知识、能力的局限性，本书中的内容不可能面面俱到，书中疏漏之处在所难免，恳请各位读者批评指正，如蒙赐教，不胜感激！请将指正与反馈的内容发送至作者邮箱：383983183@qq.com，谢谢！

CONTENTS 目录

第三部分　沟通对象不同，说服力的表现也不同

第一部分

拥有说服力，你的未来更精彩

1

说服力有多大，影响力就有多大

学会说服力的人，处处受欢迎

关于说服力的概念，有学者认为它是一种用言行举止使人接受自己理念或想法的能力。"说"是人们沟通的主要方式，故称为"说服力"。有人认为在说服他人的过程中，能使人信服就会受到他人欢迎，可事实并不是这样。有些人说得都对，但是对方就是听不进去。因此我要强调一点，真正有说服力的人，不只是让人信服，还要让对方听着舒服。这样才会形成巨大的人格魅力，无论走到哪里，都会受到他人的喜爱。

究竟该如何提升说服力呢？相关学者把形成说服力的要点总结如下：言之有理；言之有计；言之有趣；言之有情；言之有礼；言之有节；言之有变。其中一些要点大家会经常使用，这里说几个我们容易忽视的要点，一旦掌握了这几个要点，必然会提升你的说服力。

一、言之有计

言之有计是指说话要讲求策略。这样不仅能帮助自己解决问题，还能为他人化解难题，尤其是使他人走出困境；不仅能让人心存感激，还能让人佩服你的智慧，从而愿意与你共事。

杨澜曾和一位医学博士共同主持节目，医学博士可能是因为过于紧张，一上场就把台词说错了，引得听众哄堂大笑，这样的气氛真让人尴尬。此时，博士脸色涨红，汗珠从额头滚落下来。

杨澜先用眼神提醒博士，她要插个话，随后便对听众说："能与医学界的专家同台主持我深感荣幸。大家要知道，今天我把麦克风交给他，他就有勇气走上主持台；可要是他给我一把手术刀，打死我也不敢面对患者。"

台下的听众都被杨澜的这番话逗乐了，并对博士报以热烈的掌声。随后，博士稳定了情绪，继续主持节目。事后，博士对杨澜表示了感激。

每个人都可能遇到一些尴尬时刻，这时采用有策略的话语会帮你化解不利的处境。杨澜就是这么做的。她不仅缓解了气氛，还让听众了解了医学博士的能力，以及自己对博士的敬佩之情。这样的说服方式必然会受到大家的认可。

二、言之有趣

在生活和工作中，我们总会面对一些分歧。当我们跟领导或长辈据理力争时，不仅可能让对方感到不尊重，不利于解决问题；跟同事争论，会伤了和气，不利于以后双方共事。要是言之有趣，且有理，效果会大不一样。

小娟30岁那年报考了国家司法考试，她整日穿着朴素的衣服在图书馆看书。一日，母亲说："你就不能穿得时尚点，这样子怎么可能有人看得上啊！"

"妈，我每天忙到'目中无人'，怎么能知道被谁轻视呢？"

母亲忍不住笑了，再没有多说什么。

无视他人就不会感受到自己被忽视，此道理用有趣的方式去阐述，不仅简短，还能减少由争论带来的不愉快。这就是说话有趣的人的表达方式。他们会通过幽默的方式，让听者觉得他们的话不仅有趣，而且有道理，从而认可他们的观点，支持他们的选择。

三、言之有节

言之有节是指说话要点到为止。此种方式在电视剧中很常见。例如，大臣向皇上提出建议的时候，点出皇帝该注意的地方时，会说："望皇上三思。"而不是把话说尽。

> 康熙帝晚年为立太子之事焦头烂额。于是问重臣明珠："爱卿说说，我到底应该选哪位皇子做太子？"
>
> 明珠默不作声。
>
> "爱卿在想什么？"康熙问。
>
> "我在想《元史》。"明珠回答道。
>
> "皇长子是个好人选，我会仔细考虑的。"康熙帝说。

明珠提到《元史》，就是言之有节。康熙面对的问题，跟《元史》很相似。成吉思汗传位给战绩平平的皇三子，战功卓著的四子很不服气，这不利于国家统治。康熙帝的皇长子也军功显赫，要是不能做储君，也可能对清朝的治理有害。故明珠言之有节。

人们常说事实胜于雄辩，那么说得少，也能产生巨大的说服力。有时候，给对方留下了巨大的联想空间，也有可能收到意想不到的效果。

四、言之有变

言之有变是指说话要灵活变通。人和人之间的文化素养、反应能力不同，你如果想说服对方，就要按照他所能接受的方式去说话，才能受到他的欢迎。

> 某日，一文科生对同学说："朱自清认为郁达夫的诗歌很简单。"
>
> "可是很多人都喜欢郁达夫，认为他的文字清浅易懂。"理科生说。
>
> "像朱自清文学功底那么厚的人是少数。个人认为鲁迅、老舍也不会看好郁达夫。"文科生说。
>
> "为什么？"理科生问。
>
> "擅长游泳的人都愿意下深水区。"文科生回答。

如果文科生从写作手法上阐述郁达夫的不足之处，估计理科生很难听明白，不懂就不能信服。但是文科生从游泳的角度去阐述观点，理科生马上就能明白并信服了。

可见，说服力可缓解气氛、化解矛盾、增进友谊等，这是一个人受欢迎的重要因素。因此我们不断提高说服力，必然会有巨大的收获。

所谓说服力，就是要说得动听，听着悦耳

究竟哪一种说话方式更具说服力呢？有人认为是夸夸其谈，引经据典。可事实证明，许多人反感此类说话方式，他们更愿意接受动听、悦耳的话语。想要把话说得悦耳动听，既要注意话语的外在，如字正腔圆、抑扬顿挫等，同时还要注重讲话的内容，如不说让人反感、过于挑剔的话等。

下面，我们先来看提高说服力的外在条件，再来看说话的内容。

一、外在条件

一项调查显示，决定他人对自己第一印象的因素中，声音印象占38%，外貌因素占55%，讲话内容占7%。若只是电话沟通，声音的作用占到83%。可见，声音条件对一个人提升说服力影响巨大。例如，职场中，有些领导者因声音沙哑、话语平铺直叙让听讲的员工昏昏欲睡；有些管理者说话吐字不清，声音绵软，许多振奋人心的决策被他们说得平淡无奇；还有一些人，语速极快，客户和同事都反应不过来，怎么可能给人以动听、悦耳的感受呢？据相关专家调查，说话者的声音会给聆听者留下果断、自信、软弱、可靠、可爱、粗鲁、讨厌、虚伪等印象，试想一个人被认定为虚伪，怎么可能会有说服力呢？为此，我们可从以下几个方面进行改变。

1. 变换声音

汉语的语调讲究平仄，抑扬顿挫，如此才能避免单调。人们说话的时候应该有一些变化，这些变化代表着你的情绪。例如，采用坚决的语气，能让自己的言语更具说服力。

据语言学家调查，人们最无法接受尖锐高亢的声音和语速过快的说话方式，我们管这种说话方式叫"机关枪"。正确的做法应该是语音柔和、语速适中。例如，杨澜的说话方式，总会让人感觉她很柔和，且有知识底蕴。

2. 改变发音习惯

每个人的发音习惯都是可以改变的。例如，京腔有严重的吞音现象，说话者尽力去说普通话就可以了；若是语速太快，可以在说话的时候偶尔停顿一下，这样还有利于思考，听众也能有更多时间去思考你说的话，这样便提高了沟通的效率。

3. 避免发音不清

若是发音不清，说话者的讲话就毫无意义。造成这种现象的主要原因是其语速过快，会让人觉得紧张、不从容。此外，我们说话不清是没有掌握更清晰的发音要领，这个可通过系统化的学习来改正。

二、说话内容

有语言学家针对"最让人厌烦的说话内容"做过调查，其中，1000名男女受访者认为：哪壶不开提哪壶、挑剔、抱怨的相关内容最不受欢迎。

1. 哪壶不开提哪壶

与人接触，提其得意的事情，通常能得到很好的反响和认可。反过来，非要提别人回避的事情，可能被反唇相讥，导致交谈的中止。

百货公司内，一位中老年妇女要买化妆品，对一位年轻的销售员说："我想我一定是更年期到了，皱纹、色斑都明显增多，眼袋也下垂得越来越明显了。你看我该买哪一款化妆品？"

"大姨，你的皮肤的确是不好。我觉得你买化妆品不如买保健品。"

中老年妇女没回话，很生气地离开了。其实，她是希望销售员能给她一些建议，可帮她恢复年轻状态，而不是让销售员承认她老了，所以她才会愤然离开。

> 而另一位销售员面对中老年妇女时说："大姐，从您这个年纪来看，色斑算是很少的了。我看过许多年轻的女演员，色斑比您脸上的色斑还多。我觉得您的皮肤只是水分稍微少了一些，我们刚好有一款保湿的乳液，正适合您，您要不要试试看？"
>
> "先给我拿一瓶。"中老年妇女很高兴地说。

女人最不愿意听到的字眼就是"老"或"丑"，可案例中的第一位销售员不仅哪壶不开提哪壶，还建议她买保健品，这样的说话方式必然会让对方生气。第二位销售员采用了与之相反的说话方式，但是并不虚伪，既帮顾客找回了自信，还完成了产品销售。

中听的话每个人都喜欢听，不中听的话每个人都唯恐避之不及。因此，我们要少提及别人的缺点，或对方忌讳的内容。这样才能让对方身心愉悦，从而接受你的建议或想法。

2. 挑剔

挑剔最为常见的表现方式有两种：一种是求全责备；另一种是要求远超自己的付出。

> 不久前，朋友让我给他推荐一本字帖，我选择了《兰亭序》，我认为该帖笔法丰富，可朋友却说："笔画牵扯太多，姿态忸怩，不够大方。"由此，我相信，很少有人能满足他的要求。
>
> 另一种挑剔更是很难被满足：一位旅客找到旅馆老板，说："房间里电视的屏幕太小了。"老板说："先生，您住的房间只需160元，标准也只能是这样。"

挑剔从说服力的角度来看，就是刁难。他人无法满足你的要求，你的语言当然不会悦耳。

3. 抱怨

无论在何处，抱怨的人都很难得到认可。因为抱怨不仅不能解决问题，还会给他人留下办法少、承受能力差的印象，所以我们要拒绝抱怨，并采用新的方式，获得他人的支持。

> 一位老板面对员工流失严重的问题很悲观，跟留下的员工说："你们当员工的，稍有不满就可以辞职走人，可我们当老板的就得挺住，有谁想过我的损失吗？"
>
> 老板悲叹，员工则缺少工作活力。有人建议老板，换种角度看待事物，并采取激励的方式鼓舞员工士气。
>
> 于是，老板对员工说："员工跳槽，或者公司选人都是一个大浪淘沙的过程，我坚信能留下来的就是承受力最强、最忠诚的员工，我一定会提升你们的待遇的。"

当下，许多企业都面临着员工流失的问题，但正如老板所说，这是个大浪淘沙的过程。换个谈话的角度，不仅能对员工进行鼓励，也能给人留下坚强、言出必行的印象。

把话说得悦耳动听，在工作和生活中就会获得更多机会。当然，人和人之间的声音条件是有区别的，我们可以结合自身的条件来打造专属的演说方式。此外，说话的内容也要让对方喜欢，外在和内在同时发力，说服他人才不难。

说服力强了，沟通更顺畅

当今社会，我们每天都要与他人沟通。例如，化解矛盾、达成共识、相互学习等。为了实现自己的目的，交谈顺畅十分重要，可怎么才能做到这一点呢？有人说提升说服力，是解决沟通不畅的关键。

如果你说出的话很有说服力，就算没有夸夸其谈的口才，对方还是可以跟你顺畅沟通的。至于该从哪些方面来增强说服力，我认为应该要注重信息传达的准确、完整、言之有物和适合。

一、准确

在说服力中，准确的概念不只是正确，还包括恰当、精练。其中，正确是前提。就拿职场来说，要是信息传递不准确，沟通就很难顺畅，进而影响工作的顺利进行。但有的时候，我们受主观情绪和客观环境的影响，会传达给对方一些不正确的信息，导致对方的判断失误。这种信息必然是没有说服力的。此外，有的人传达的信息很正确，但是不恰当、不精练，使对方领悟困难或失去听下去的耐心，这样也无法提升说服力。

二、完整

我们与他人沟通时，把自己要说的内容说完整对提升说服力非常重要。生活中，如果不把话说完整，别人就无法明白你的意图；工作中，如果我们掌握的信息残缺不全、支离破碎，就很难做出正确的判断，使执行变得十分困难。要是我们能向对方传递完整的信息，并保证每条信息都很有价值，这样不仅能让对方感受到我们的诚意，更能体会到我们的细心，也必然会信任我们。

小周到一家建筑公司工作，老板让他根据自己以往的经验画一张效果图，画完以后给策划过目就行，因为自己有事要去外地。

小周拿起笔却迟迟不敢动。他想，要是自己画的图不符合老板的要求，这工资是按照试用期来处理，还是按照没有工作成果来结算？让策划审核，策划对公司的设计风格会有所了解，但自己毕竟不是专业人士，要是他提出的一些要求自己的技术无法达到，该由谁来提供帮助？

老板给出的信息，让小周很忐忑，于是他选择了辞职。

很显然，老板提供的信息不具备完整性。从工作流程的角度看，要是老板想让新员工安心工作，就应该先给员工发放工作手册，让他了解公司的规章制度；其次，安排了委托人，就要交代委托人的权责范围；此外，还要说清楚处理棘手问题的方法。这样员工才会听从安排，并高效地完成工作。

三、言之有物

沟通中的言之有物是指说话时要有证据、有事实，因为有凭有据的话语最具说服力。尤其是在一些领域，言之有物的作用更加明显。就拿培训机构来说吧，如果对方跟我们说教学体系，大家未必能认可他的教学质量，这涉及师资的问题。但是他要跟你说他的学员过万，许多人就会想，他的教学质量一定很好。此外，用事实说话更具有理性，可以除去偏见对聆听者造成的偏听偏信，更容易获得信任。

四、适合

如果我们所说的一切不符合对方的要求，就算巧舌如簧，对说服力也不会有半点提升。例如，我们很难说服急于赶路的人，因为时机不适合；别人买了登山鞋，你却向他推荐西装，这样很可能被拒绝，因为需求不适合；对赛车手说马拉松的好处，他会很不耐烦，因为兴趣不适合。我们来看一则需求不适合的故事。

> 小伟考注册消防师失败了，于是给考上的同学小王打电话："小王，你都看哪些书，能不能给我推荐两本？"
>
> "我们使用的书都一样，你一定是书没有看到位。"小王回答道。
>
> "有可能，我以后再看仔细点。"小伟说。
>
> "你多大年龄了？还准备再考？"小王问道。
>
> "28岁。"小伟回答道。
>
> "我个人觉得，你现在最应该找个对象，然后踏踏实实赚几年钱。你会开车吗？"小王又问道。
>
> "不会。"小伟回答道。

> "你只有学习能力，没有生存技能是不行的。"小王说。
>
> "你说的话我会考虑的。我有点事，先不打扰你了。"小伟说。

案例中的小王，所说的一切就不符合小伟的需求，自然无法产生说服力。小伟最想知道的是，如何才能提高分数，可是小王却提及婚姻、开车等不相干的话题，让对方很反感，导致小伟找借口挂断电话。我们若是也这样与他人交谈，很可能遭到拒绝。

提升说服力的方法还有很多，例如，关注细节、循序渐进等。只有你的说服力提升了，人们才愿意倾听你的谈话，并达成共识，沟通必然会更加顺利。

说服力是每一个成功者的基本功

成功者究竟该具备哪些基本功？相关人士认为要具备思考能力、决策能力、合作能力、创新能力、说服能力、自律能力等。而在这些能力中，说服能力的作用可以称为枢纽。

先拿思考能力和创新能力来说吧。你思考和创新的成果需要推广才能取得一定成就，在这个过程中离不开用说服力去获得他人的支持，否则很难成功。再拿合作能力来说，早就有人说，能用说服力获得他人帮助的人更容易成功。如诸葛亮舌战群儒，促使蜀、吴两国联合抗曹。我们试想，如果派张飞去会如何？结果可能会是毁了战略目标。可见，说服力对成功的价值非同一般。

有人说，这些说服力强的人都是政治家、外交家，我们没必要具备说服力。事实绝非如此，教师、推销员、快递员等离开说服力，也很难顺利工作。除此之外，我们再从成功的定义来看说服力的意义，那么先思考什么是成功？

成功就是通过我们的努力，达到了自己预期目的。因此我们有必要用说服力来提高自己成功的概率。

有时候，同样一件事，因为说法不一样，所得到的效果也会完全不一样。

> 有一个国王，做了一个自己认为很不好的梦——他的牙齿全部脱落了。于是，找来两个解梦人为其解梦。
>
> 国王问："朕梦见牙齿脱落，有什么征兆？"
>
> 一个解梦人问："落下几颗？"
>
> "全部。"
>
> "此梦不祥，预示您比所有亲人都死得晚，您将老无所依，非常孤独。"
>
> 国王最忌讳死字，这位解梦师却用了这个字，还说国王老无所依，所以国王很生气，叫卫兵打了解梦者一百大板。
>
> 第二个解梦人却说："此梦说明您是亲属中的长寿冠军，无须担心他人觊觎王位。"
>
> 国王听后很高兴，赏了第二个解梦人黄金百两。

同样的事情，因为说法不同，一个被打，一个被赏。为什么？靠的就是说服力。有人会说，这是因为第二个解梦人狡诈，其实这正符合说服力中"言之有变"的要求，我们想让别人认可自己的说法，就得想方设法让他接受，若还能让他开心，可能会得到意想不到的回报。

有人问，我不是一个灵活的人，却充满真诚，这样能否说服对方？当然可以，说服力不拒绝真诚，关键在于我们怎么用，什么时候用。

> "二战"期间，英国被德国打得节节败退。首相丘吉尔不得已访美，寻求军事援助。有一天，他洗完澡，裸身在房间里来回走动，同时思考问题。正巧美国总统罗斯福推门进来。

> "很抱歉，老朋友，我一会儿再来。"罗斯福关门要走。
>
> "进来吧，我们英国对美国没有任何秘密。"
>
> 经过这次交谈，美国给予英国全面的军事援助。

丘吉尔很真诚，但是真诚需要用言行来表达，才能被别人体会到，从而形成强有力的说服力。我们试想，丘吉尔若是没有诚意和说服力，面对这一尴尬的时刻，很可能会错过一次谈判的最好时机。

我们再来看一个接地气的案例。

> 一家公司原本给领导配备了两个公车司机，后来为了减员增效，只能留一个司机。怎么留？领导决定让他们说说能为自己做什么，再做定夺。
>
> 第一个司机说了十几分钟，从汽车保养的方法到要遵守的交通规则，再到如何省油，细致入微。而第二个司机就说了两句话："过去我做司机遵循三条原则：吃得，喝不得；听得，说不得；开得，用不得。今日若被留用，一如既往。"
>
> 领导当即决定留下第二个司机。

第二个司机说的原则是他们业内的行话。吃得，喝不得，就是可以吃饭，不能喝酒；听得，说不得，就是领导会在车上说一些机密，知道但要守口如瓶；开得，用不得，就是只能给领导开车，不能擅自用车。领导对司机最重要的要求就是安全、保密，因此怎么可能不用第二个司机呢？这就是说服力的作用，使得说话者在说话时重点突出自己的优势。第一个司机也很能说，但是说不到点上，起不到说服的作用。

此外，第二个司机的说辞言简意赅，是每个人都喜欢的说话方式。他所说的原则很可能是员工对领导想法的总结，所以没必要展开解释，因此领导一听就懂了。而且，他还用了一个很能代表自身优势的词：一如既往。就是说，他的表现一向良好，这也是领导用人的重要标准。

我们一生中，需要用说服力促使成功的事情太多了。例如，讨价还价、避免纠纷、应聘等。在这些过程中，我们会面对不同的人、不同的事，所以说服的技巧要伺机而动。此外，我们在说服他人时，还需要规避一些不当用语。

一、不要说"但是"，要说"而且"

试想，你很赞成一位同事的想法，你可能会说："这个想法很好，但是你必须……"本来你的话是认可别人的，可这样一说，认可感就大打折扣了。

你完全可以说出一个比较具体的想法来表达你的赞赏和建议，比如："我觉得这个建议很好，而且极具可行性，如果再稍微改动一下的话，也许会更好……"。

二、不要说"老实说"

公司开会的时候，大家会对各种建议进行讨论。如果你对一名同事说："老实说，我觉得……"在别人看来，你好像在特别强调你的诚意。当然你是非常有诚意的，可对方会想，你为什么要特别强调一下呢？所以最好说："我觉得，我们应该……"

三、不要说"首先"，要说"已经"

你要向老板汇报一项工程的进展情况，于是跟老板讲："我首先要熟悉一下这项工作。"试想，这样的话语可能会使老板觉得你还有很多事需要做，而不是你已经做完了许多准备工作。

这样的讲话态度会给人一种很被动的感觉，建议你可以这样说："是的，我已经相当熟悉这项工作了。"

四、不要说"仅仅"

在一次讨论会上，你想提出一条建议，于是说："这仅仅是我的一个建议。"请注意，这样说是绝对不可以的。本来是有利于团队的一个主意，反而让同事们感觉到你的自信心不够。这样，你的想法、功劳包括自身的价值都会大大贬值。因此你可以说："这就是我的建议。"

五、不要说"错"，要说"不对"

一位同事不小心把一项工作计划书浸上了水，正在向客户道歉。你当然知道，他犯了错误，惹恼了客户，于是对他说："这件事情是你的错，你必须承担责任。" 这样一来，只会引起对方的厌烦心理。但是，你的真正目的是调和双方的矛盾，避免再发生争端。所以，要把你的否定态度表达得委婉一些，实事求是地说明你的看法。比如说："你这样做的确是有不对的地方，所以你要为此承担责任。"

六、不要说"本来……"

你和你的谈话对象对某件事情各自持不同看法，你轻描淡写地说："我本来是持不同看法的。"一个看似不起眼的小词，不但没有突出你的立场，反而让你失去了立场。类似的表达方式还有"的确""严格来讲"等。不如直截了当地说："对此我有不同看法。"

七、不要说"几点左右"，要说"几点整"

在和一个重要的生意伙伴通电话时，你对他说："我在这个周末再给您打一次电话。"这就给人一种印象，觉得你并不想立刻拍板，甚至留给对方更糟糕的印象——你的工作态度并不可靠。你最好这样说："明天11点整我再打电话给您。"讲话不够具体的人很难取得他人的信赖感。

八、不要说"务必……"，要说"请您……"

你不久就要检查下属的工作进度。大家压力已经很大了，而你又对大家说："你们务必在周五前完成……"这样的口气恐怕很难带来高效率，反而会给别人压力，使他们产生逆反心理。但如果反过来呢？谁会去拒绝一个友好而礼貌的请求呢？所以你最好这样说："请大家做好准备……"

说服力是成功者的基本功。我们在提高随机应变能力的同时，还要对人的普遍心理现象有所了解，这样才不会因交流和对方产生矛盾，从而帮助自己更好地实现目的。

多一分说服力，多一分魅力

台湾作家刘墉说："你靠容貌、身材去提升魅力，终将被岁月打败。但是靠说服力，却有越来越受欢迎的趋势。"高颜值不是每个人都具备的，拥有说服力对大家来说也并非做不到，可是该如何用说服力来形成个人魅力呢？不同的人有不同的方式，这里介绍一些通用的方法。

一、简短有效

简短，是指简练、明晰且重点突出，让大家一下就能明白你的意思。有效，是指所说的话要对他人有用。若是违背了这两点，对方会因焦急等待而失去耐心，说话者也很难提高个人魅力。

> 某大学美术系研究生部召开大会，研究给研究生上保险的事项，部长念冗长的条文时，研究生王丽就坐不住了，她原计划去接念小学的女儿回家，要是听完讲话，很可能会错过时间。等了很久，部长才放下条文，满脸歉意地说："我忘了说一件事，系里不给35周岁以上的同学上保险。"
>
> "你不早说。"王丽和几个超龄学生愤然离席。

管理者若是这样讲话，不仅不能提升魅力，还会被员工称为低能。首先，他不具备准确浓缩条文的能力，因此很难形成吸引力；其次，他没有节省大家时间的办法，比如把条文用投影仪放给研究生看；最后，究竟谁该参加会议应该交代清楚，否则损害别人的利益，得到的只能是怒气，而非青睐。

二、诚信

诚信这个词总被人提起，可究竟什么是诚信呢？语言学家认为：一是不要夸大其词，二是不要前后不一。在我们身边，夸大其词的事情太常见了，一些辅导机构说提分立竿见影，引得学生蜂拥而至，可是没多久就毁了口碑，因为言不符实。前后不一的事情也很多，例如，一位健身教练前一天对学员说，健身如砌墙，要一砖一瓦稳步向前；次日又提出魔鬼训练营，说训练三个月也能成功。虽然他的说法都能找出很多道理做支撑，可是前后说法不一，无法让人相信。一个缺少信用的人，很难拥有魅力。

三、注意分寸

要想用说服力提升人格魅力，讲话时就必须注意分寸。例如，忽视别人的感受而乱开玩笑，或者以自己的喜好随意发表意见。这样，别人不会觉得你口才好，而是觉得你人品差或自以为是，反而不愿与你交流。

> 中国音乐家协会举办了一期歌词创作班，邀请了几位德高望重的老作家来讲课。一位老作家说："《我可以抱你吗》这首歌的歌词很低俗，远不如《走西口》的歌词含蓄、真挚。"对于老作家的话，只有几名学员有所响应。

其实他说的也不无道理，只是不应该用语言贬低《我可以抱你吗》这首歌，因为不同时代的人有不同的审美观。此外，文无第一，每个人的欣赏品位都不一样，你认为的"高标准"，在别人眼中可能也就一般。你永远不知道别人用什么视角审视你，所以说话要留有余地。

四、选好场合

再有说服力的话语，若是没有选好场合，说多了也只会让人厌烦。例如，聚餐的时候，大家都喝可乐，就不要一再阐述喝可乐会影响牙齿，导致骨质疏松。在公司的会议上，不要直接指出领导的错误，有的领导会为了维护自己的尊严而不接受，倒不如去领导家拜访的时候与其私聊。

五、换位思考

有些人提出要求的时候，只从自身角度出发，这样将很难打动人心。相反，先从对方的角度去考虑再提出建议，对方大多会接受，甚至欣赏你。

> 三国时期，吕布被曹操生擒。他跟曹操说："你若不杀我，如虎添翼。"
>
> 曹操征求刘备的意见，刘备说："你没看到丁原、董卓的下场吗？"
>
> 曹操之所以问刘备，那是对吕布爱叛变的性格早有疑虑。吕布却不知，还在夸赞自己的武艺。
>
> 成吉思汗征服一个部落时，被该部落的神射手哲别射伤颈部，后来哲别被擒，主动向成吉思汗认罪，说："我射伤你，死罪。若得你宽恕，愿为你横断深水，冲破坚石。"
>
> 成吉思汗欣赏哲别的坦荡和武艺，命其做将军。

哲别能被认可和赞赏，就是因为懂得换位思考。他知道，成吉思汗被自己射伤，一定无比愤怒，可能会找自己报仇，所以先自称死罪，以此平息对方的怒火。随后的语言更是智慧——你若宽恕我，我愿为你打硬仗！哲别已经向对方展示了自己的射术，此言必然会引起成吉思汗的重视。再观吕布，他并没有先用语言消除曹操的疑虑，就求其不杀，又怎么可能打动人心，彰显魅力呢？

靠说服力形成个人魅力需要的元素有很多，上述的要素是大家必须具备的。此外，多接触有人格魅力的人，学习他说服他人的说话方式，这对提高你的魅力值有很大帮助。

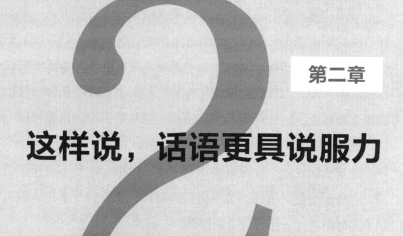

第二章

这样说，话语更具说服力

感同身受，产生共鸣的话语更有说服力

所谓共鸣，原本是指在艺术鉴赏过程中，鉴赏者情感、想象等多种心理活动达到最强烈程度的一种表现。例如，在诗歌《琵琶行》中，琵琶女的乐声打动了白居易，使他发出"同是天涯沦落人，相逢何必曾相识"的感慨。那么诗人为什么会被深深打动？就在于二者有相似的经历，可带动其想象和联想，从而更容易使人感动。把共鸣引申到沟通领域，是指你说的话能让对方感同身受，才更有可能说服对方。

作家王蒙说："你跟富翁描写寒冷、饥饿，他是不会相信的，因为他没有亲身经历过。"我们说服他人的时候，要分析所求之人的现状，才能用情感打动对方，获得他人的帮助。

美国经济危机时期，一个女孩很长时间才在珠宝店找到一份销售工作。新年的那一天，一位衣衫褴褛、身材瘦小的青年男子来到了店内，凝视着珠宝店内最昂贵的商品。

就在这个时候，电话响了，女孩接电话时衣角挂翻了放钻石的碟子，六颗昂贵的钻石都掉在了地上，她俯下身去捡，却只找到了五颗。这时，他看见那个瘦小的青年男子向门口快步走去，马上就想到第六颗钻石在哪里了。

眼看男子就要推门而出，女孩说："先生，很抱歉！"

男子"不明白"女孩为什么叫自己，转过身跟女孩对视了一会。

"你有什么事？"男子问。

"我需要你的帮助。"女孩说。

然后男子走向女孩。

　　女孩满脸歉意地说："先生，为了找到这份工作，我走过和您一样远的路，所以恳求您体谅我的不易。"

　　男子脸上浮现出一丝柔和的笑容，然后把手中的钻石递给女孩，说："但愿我保存得完好无损。"

　　女孩目送男子离开后，把钻石放回碟子，长呼一口气。

　　女孩能要回男子拾到的钻石，就在于她站在他们共同的经历上说话，并采用了尊重的方式。从男子的着装来看，他很可能是流浪汉或贫民，饱受饥寒或流浪的痛苦，要是他不把钻石交给女孩，女孩很有可能还要走很长的路去重新找工作，或者也沦为流浪者。因此，女孩诚恳的话语感动了对方，对方也以幽默的方式交还了钻石。

　　我们试想，如果女孩冲到门前拦住男子，并对其进行辱骂，很可能给自己带来人身伤害。如果报警，警方可能会找回钻石，但此事必然要通知珠宝店的老板，这样女孩的工作是否能保住就很难说了。

　　想要提高自己的说服力，就要注意用情感去引起对方的共鸣。可以带动他人情感的不只有苦难，还有利益、亲情、友情等。有人说，我对对方一无所知，该如何说服对方来帮助自己呢？那就要采用循序渐进的方法。

　　第一，导入：先询问和闲聊一些相关的事情，看看对方当时的心情，评估向其提出要求的可行性；

　　第二，转移：慢慢把话题引向正题；

　　第三，正题：提出自己的想法和建议；

　　第四，结尾：明确提出要求，为了使对方接受，还可以指出能够给出的回报。

　　小范和小李在北京合租在一起。有一天，二人闲聊。

　　小范："小李，今年多大了？"

　　"33岁了。"小李回答道。

"你一个人在外，家中父母由谁照顾呢？"小范问道。

"我弟弟。"小李说。

"你们兄弟关系怎么样？"小范又问道。

"非常好。我念书时，他已经工作了，常给我汇钱。"小李说。

"兄弟之间就应该这样！"小范说。

"你有兄弟姐妹吗？"小李问道。

"我有一哥一姐，哥哥在老家哈尔滨照顾父母，我和我姐在这里打拼。"小范回答道。

"你哥家小孩多大了？"小李问道。

"我哥是单身。"小范说。

"别怪我说话直，你哥还是该找个人，要不有个头疼脑热可怎么办？"小李说。

"其实他现在就有糖尿病，我几次让他来。他老推说我妈身体更差了，离不开人。"小范说。

"这病不早点治会病变的。"小李说。

"过些天，我想办法接他过来看看。"小范说。

半个月后。

小范跟小李说："兄弟，我哥明天从老家过来看病，可能要观察一段时间，我想在客厅给他搭张床，不会影响到你吧？"

"不会。我还有床垫子，你先拿着用。"

"谢谢兄弟，晚上我们出去喝两杯。"

　　小范先通过闲聊，得知小李也有兄弟，并且关系良好。据此可推断，小李可能会很在乎兄弟情，随后提到哥哥的病，小李建议提早治疗。至此，小范能确定让哥哥来北京看病并住在家中，小李大概不会反对，于是提出自己的想法，并得到了小李的帮助。为了表示感谢，小范还请小李吃饭。

循序渐进的方法谁都可以用，要是彼此了解的人还可以精简步骤。但是切记不可丢弃以情感人的环节，他人对我们的信服，很多时候就是情感上的认同，所以能产生情感共鸣的话题更有说服力。

言行合一，最有说服力

有人会很多说服技巧，却没能形成强大的说服力。究其原因，就是无法做到言行合一。这会带来什么后果呢？在电影《活着》中，主人公富贵赌输了家产，父亲训斥他，他很不服气，因为父亲败光的家产比他还多。可见，没有做到言行合一的人，很难说服他人。那么，能做到言行合一的人，会产生多大的说服力呢？在军事上，将军身先士卒，士兵才会在他的带动下勇往直前。可见，最大的说服力来自言行合一。

齐家、治军离不开言行合一，管理企业、工作、经商等都离不开言行合一。下面，我们来看看言行合一能给我们带来的好处。

一、凝聚力

大家都听说过企业文化，值得称颂的企业几乎都有对言行一致的要求。管理者如果言行不一会让员工产生消极情绪，会怀疑管理者的诚意，以至于对管理者的诸多安排不会全力以赴，要是再有一些爱发表言论的员工，他们的言论很可能会造成企业的分崩离析。相反，管理者言行一致的企业，会有很好的凝聚力，从而有利于企业的发展。

北京的一家中小型企业，很早就对员工承诺：假期公司全员要去云南旅游。可是到了预定时间，老板开始心疼费用，于是对员工说："我们的员工里有很多母亲，她们想带上孩子一起去游玩，但是云南路途远，我担心孩子们路上不便，不如咱们改去青岛。"

员工小杨很不满，说："老板，我是大连人，要是去青岛我就不去了，请把旅游的费用折半给我。"

员工小田说："老板，我们是个公司，不是幼儿园，再说去青岛下海，危险系数也不小。"

其他一些员工也反对去青岛，说已经厌倦了高楼林立的地方，想到云南减减压。

最后老板决定去云南，但是有一个条件，员工回来后要利用周末补6天班。大家表示可以接受。

下班后，小田对小范说："原本说的用我们的年假旅游，现在又让补班，那还算什么公司福利。"

"是啊。旅游费用才给3000元，补6天班挣得钱也不会比它少太多，我这是拿自己的钱玩，还把年假玩没了。"小范笑着说。

"反正我的工资也没有绩效，回来加班，我就装装样子。"

"我混到下个月开支就辞职。"

"你要找到好单位告诉我一声，我也想离开这里。"

案例中的管理者，不仅言行不一，做出的决策还损害了员工的利益，因此无法得到员工的信赖和认同，久而久之，员工会逐个离去。管理者言行一致的公司则是另一番景象。例如，企业家董明珠对员工言出必行，所以公司的员工凝聚在一起为企业献策献力，使其成为闻名世界的企业，且有利于吸收更多优秀的人才。

二、执行力

如果你希望别人听从你的安排，自己首先就应该做到位，没有什么比以身作则更有说服力了。家长如果以身作则，孩子就很容易听从你的安排；一个企业若管理者言行一致，员工则不会轻易违反公司的规章制度。

小郭利用节假日带父母去天津旅游，花80元买了一些大麻花，他的爸爸听到价钱后怒目圆睁，大骂："你戴个眼镜有什么用？分明是瞎子。这才几根麻花，你花80元，都够买袋面了。"

"爸，这是特产，不能拿面粉比价啊。"

"什么特产？我一口都不会吃。败家子儿，气死我了。"

火车上，小郭的父亲饿了，吃了一根麻花。

小郭笑着跟他妈说："您看我爸言而无信，还骂人，明天我可不敢给他买东西了。"

父亲的言而无信，儿子可以谅解，但是再给父亲买东西时，必然会不舒服。要是换成企业管理者，则会严重影响员工的执行力。例如，领导总说革新设备，却迟迟不肯落实，员工就有可能以设备老化为借口，消极怠工。简言之，上行下效，我们要想说服别人执行自己的要求，最重要的就是做到言行一致。

三、信任力

言行一致的人，会得到他人的信任，话语的说服力自然会很强。可是该怎么做到言行一致呢？就是不盲目承诺力所不及的事，并拿出行之有效的办法。例如，一些企业的管理者鼓吹公司的前景，以及以后能给员工的好处。但是员工更关心的是，企业能不能满足自己当下的需求。所以我们给他人承诺时，要结合自己当下的能力，才能通过实现诺言获得他人的信任，使自己的言论更有说服力。

做人言行一致，不仅能反映一个人的态度，还能表明他的能力。人们信任他人的原因，很大程度上来自对方能否靠能力帮助自己实现目标。因此言行合一的人，最具有说服力。

做好说服的三段式：凤头、猪肚和豹尾

说起"凤头""猪肚""豹尾"，许多人都不会陌生。它们是指写文章时开头应该像"凤头"那样精彩、美丽；主体应该像"猪肚"一样，充实且有丰富的内容；结尾应该像"豹尾"一样有力。此类文章更能得到他人的赞同，我们要是用这种方式来说服他人，也能收到很好的效果，因为说服他人只是把书面语言转化为口头表达。

一、凤头

这是说服他人时最关键的地方，要是你说的话一开始不能激起对方的兴趣，对方可能就不会听你的下文了，所以我们要用一些技巧来吸引人，来引起他们的注意。例如，以情感人、阐述现象、留下悬念等。我们重点来看看如何阐述现象，这也是人们交谈时最常用的开篇方式。

> 著名作家苏童应北京师范大学文学院邀请，讲述自己对当下文学作品和阅读的看法。他说："当下的一些文学作品，就好像工业废水流进了江河湖海。它们有国际化的装帧设计，而且产量巨大，好像在狭小的阅读空间内堆满了花篮，那原本为阅读者留下的走廊有点像华容道。乱世出英雄，乱书却让读者忙乱。有一次我去书店，看见一位女读者捧着两本书，一本是薄薄的《包法利夫人》，另一本则是四件套的《还珠格格》。"

苏童对现象的描述可谓非常形象，并且对比强烈，能一下子吸引住听众。当下一些书装帧华美，却是精神垃圾，它们对读者来说，就好比废水带着油污奔向江河。此外，人们还是应该多阅读有限的经典作品的。但是那属于经典作品的长廊，也被一些内涵和内容并不高雅的大部头书籍所挤压了。有了这样生动的对比，作者可以从阅读的现状、书籍内容、读者价值观等角度去展开讨论，并得到广泛的认可。

　　生活中，我们也经常会讨论一些社会热点问题。对此，阐述现象的方法也很实用，但是需要我们有很好的语言驾驭能力。又如以情感人，其最常见的方法就是引起共鸣。制造悬念，通常是抛出一个观点，留到下文中展开讨论。不同的方法要因人、因时去灵活运用，可让你对他人的说服有良好的开局。

二、猪肚

　　在说服他人的过程中，有人最担心的就是无法把"猪肚"说大，说丰富。因此我们不妨采用对照、幽默、挖苦、煽情、思辨等方式来进行阐述，让说话的内容更加充实、丰富有内涵。

　　其中，对照是最适用的方法。例如，一件事物，我们可以和同类事物比较，也可以跟其他事物比较，这样话题自然丰富。在用幽默、挖苦、煽情等方式进行说服时，切记幽默中不可讽刺挖苦，而是要对自己的目的有益处。煽情不要甜而无用，思辨则是指辩证地看问题。例如，萧伯纳说："人生的两大悲剧是，没得到心爱的东西和得到了心爱的东西。"有人会问，怎么得到了还成悲剧了呢？我们因得到而害怕失去，于是得到也是一种悲剧。

　　在打造"猪肚"的诸多方法中，我们再来看一下很难操作的煽情。

　　　　电影《黑金》中，黑道人物周朝先要竞选议员。演讲过程中，竞争对手嘲讽他妻子小香的身份——曾当过陪酒女，台下的民众哗然。

　　　　周朝先气得咬牙切齿，而妻子小香平定情绪后说："大家好，我的出身是不好。不好就是不好，我不否认，但是谁还没有过去呢？朝先知道我的一切，但是他从来没嫌弃过我。他能改造好我，为什么不能为大家做点事呢？"

　　　　就这样，民众被小香的演讲打动了，纷纷支持周朝先。

小香没有向民众哭诉自己的过去。因为讲过去，民众看不到她能间接给大家带来的好处，所以不如直接承认并展示坦诚，这样更受人欢迎。最煽情的一句是"谁还没有过去呢"，带动了许多人的回忆，而这也表示自己已经改过自新了，然后再说自己的改变是来自周朝先，她的说辞无形中提升了周朝先的人格魅力，所以能得到民众的支持。

三、豹尾

"豹尾"就是在语言表述结尾的地方，要充满力量，其方法有排比、耐人寻味、反问、感谢、呼吁等。在运用的过程中，我们要注意两点：一是首尾呼应，二是风格一致。就拿前文苏童的开篇来说吧，完全可以续接一个耐人寻味的结尾。

> 乱书究竟是好是坏，就像一位作家笔下的两种钓鱼人：一种是什么鱼都喜欢，自然好；另一种是只钓鲈鱼，受不了草鱼上钩。

苏童开篇提到了江河湖海，结尾用钓鱼来比喻，呼应得很贴切。此外，用很多人熟知的钓鱼故事做比较，会引起大家的联想。这种结尾看似作者态度不鲜明，实际上那些耐人寻味的措辞已经表明了他的立场。他把好作品比作鲈鱼，差的作品比作草鱼。即草鱼上钩了，你要摘下来，扔掉，否则就无法钓鲈鱼。北师大的学生看书是有选择性的，他们必然会牢记最后一句。

耐人寻味是当下许多人都喜欢用的结尾方式，因为它在任何场合都可以用。排比大多用于演讲的场合。例如，领导用几种比喻向员工强调自信的重要性。而反问通常用于提醒。例如，反问对方："这样有益的事，难道还要别人督促你才做吗？"

说服力三段式，任何一段都不可忽视，切记要做好起承转合，才能使自己的说辞逻辑严谨，每一段都经得起推敲，他人才可能对你深信不疑。

一简、二清、三活，说服的话更讲究

当下人们的生活节奏很快，说服他人的话如果洋洋洒洒，很多人会没有耐心听下去，若是不能提炼观点，对方连你的立场都不知道，怎么可能认可你说的话呢？因此你必须学会一简、二清、三活的说话方式。下面我们就来看看，何谓一简、二清、三活。

一、简

"简"是指说服他人时，说话首先要简单，还要有思想和观点，能让对方看出你的立场。

> 一年冬天，小东的二叔去他家做客。父亲很高兴，喝了点酒，二叔要走时，父亲要去他家车库，帮二叔提停放在那里的车。
>
> "爸，你把钥匙给二叔，让他自己去提吧。"
>
> 二叔脸色很难看，以为小东不待见他。问："小东你什么意思？"
>
> "秦琼骑不了罗成的马，人不能好心办坏事。"
>
> "明白，我自己去。"二叔笑着走出门。

车的属性跟马一样，除了主人，别人未必能驾驭得好。所以小东用这个比喻向二叔解释时，对方马上就听出了他话中的意思，还会感谢他考虑的周全。

二、清

"清"是指说话时发音要清晰，阐述的问题要清楚，说话的脉络要清晰。优秀的说服者大多会采用"三点训练法"来提升语言的清晰度和逻辑的严密性。

所谓三点训练法，是指提三个重点，举三个例子，说三个故事。重点

要按照主次顺序来排列，然后围绕它来选择最适合的例子或故事。

> 微信公众号"为你读诗"上有一篇文章，标题为"当你学会爱自己时，优秀便触手可及"。文章指出，真正的爱自己包括以下三个方面：足够高的自我价值感，不自我攻击，自信有主见；发自内心的配得感，进入任何关系都不惶恐焦虑，安全感强；无条件地自我接纳，不自我苛责，淡定从容。
>
> 关于自我价值感，作者借用了作家杨绛的话："跟谁我都不比，跟谁比我都不屑。"这才是真正的有自信，无论面对多大的压力，都能有从容、淡定的心态。
>
> 关于配得感，作者讲述了我国"四大丑女"之一钟无艳的故事：她非王侯不嫁，而且说到做到。人若是没有这种勇气和自信，就会选择将就，那是欺骗自己，不是爱自己。
>
> 关于自责，有人说是拿过去惩罚今天，但是想做到不懊悔很难。文章讲述了蔡琴的故事。有一次唱歌，蔡琴发现自己的声音很低，而女歌手一般都容易唱高音，音域较宽。她没有责怪自己，反而暗喜："我居然能唱得这么低。"声音低反而成就了她的风格。

上述案例就充分做到了"清"的要求，而且观点新颖、正确，逻辑性强。再从匹配的故事来看，也非常贴切。例如，蔡琴式的自信是很多人都不具备的。他们会责怪自己音域不够宽，但是这并不代表你就唱不好歌，因此人该正视自己的不足。我们要是对自己有以上的态度，就会变得积极向上。

可见，"清"不仅可以打动对方，还能引起对方更多的思考，自然会有很强的说服力。

三、活

"活"有两层意思：一是指语言鲜活；二是指贴近生活，通俗易懂。

因为人们所处的领域不同，知识构成有差异，说得通俗些，对方才能明白你在说什么。

> 一位网络写手因为忙于赶稿，拒绝了朋友生日宴会的邀请。
>
> "哥们儿，你写的是什么题材啊？不能快马加鞭吗？"朋友问。
>
> "一个军事题材的。"网络写手回答道。
>
> "那不是你的强项吗？"朋友说。
>
> "是啊。但是30万字的稿子，策划就给列了几十个小节。"网络写手说道。
>
> "节数少和节数多有什么区别吗？"朋友问道。
>
> "该怎么形容呢？就好比同样一堆水泥，你可以用100个编织袋封装扛走，而我只有30个编织袋。"网络写手说道。
>
> "明白了哥们儿，你保重！"朋友说道。

生活中，我们经常会说服他人接受自己的拒绝。有时候，语言不通俗易懂会造成一些误会，影响彼此之间的感情。网络写手的朋友显然不明白他的工作特点，但是用搬水泥来形容，则很好理解。即用30个编织袋扛水泥，很可能走两趟就筋疲力尽了。写小说也很相似，朋友能体会写手的不易，自然会体谅他。

我们说服他人的时候一定要注重以上三点。就算遇到其他领域的人也可以在最短的时间内说服他，并使他开心地接受。

善用故事，旁敲侧击的说服更有力

关于故事和说服力的关系，有个古老的故事描述得很形象："真理"

一丝不挂，饥肠辘辘地来到一个村庄，人们不愿直视他的赤裸，不肯收留他。"预言"见他可怜兮兮地蜷缩在一个角落里，就送了他一件叫"故事"的精美外衣。"真理"穿上外衣以后，村民不再排斥他，并且热情款待他。

可见，讲故事是说服他人的一个很高效的办法。与真话相比，它不会刺痛他人，语言也婉转动听，让人更愿意接受。

几乎每个人都能说出一些靠讲故事说服他人的案例。例如，《一千零一夜》中山鲁佐德用故事打动了国王，《西游记》靠故事反映社会真相，乔布斯通过讲故事来进行品牌营销。故事的力量是巨大的：一是它不像真理只作用于人的理性思维，而是打动人的情感，更有吸引力；二是人们有一个共性，就是不愿意接受现成的道理，而是喜欢通过某种途径去思考，然后悟出专属于自己的答案，并通过实践去验证。所以，我们通过讲故事让对方思考，不仅让他感受更深，还可以提高他的行动力。

下面我们通过案例来总结讲故事的五大法则。

小红的母亲是个控制欲很强的人，她的一些行为对小红造成了伤害，例如逼婚。小红工作之余考造价师资格证，时间很紧张。母亲却逼她用复习的时间频繁相亲，见女儿不把婚姻大事放在心上，硬是要跟她住在一起，没完没了地阐述结婚有多重要，严重干扰了她的学习。

有一天，小红在网上看到一则新闻，分享给母亲。新闻讲述了一个农村孕妇因难产被送进市里的医院，医生建议剖宫产，手术费要5000元，同来的婆婆就是不让儿子在风险知情书上签字，说："哪个农村妇女生产不是走趟鬼门关，她哪有那么金贵。"

此刻，孕妇大出血，护士拿来血袋，被婆婆打翻在地，怒吼道："女人就是血生血养的，你别想骗老娘的钱。"

后来，孕妇因流血过多死亡。

母女二人就这件事展开了讨论。

> "无知真可怕！"母亲感叹。
>
> "我看这位婆婆是自以为是和不计成本。"女儿说。
>
> "那么抠，怎么还不计成本了呢？"母亲说道。
>
> "您想，她把儿媳妇送到市里医院的目的是什么，不就是接受那里的医疗，可做的事不过是火炕换病床。"女儿说道。
>
> "她本无歹意，但站在别人的角度思考问题太难了。"母亲说道。
>
> 经过这次谈话，母亲深刻地反思了自己对女儿的行为，并告诉女儿："我回家了，你安心复习，妈妈祝你一考即中。"

小红之所以能说服母亲，主要在于运用了讲故事的五大法则——激发兴趣、制造悬念、声情并茂、层层解惑、寻求共识。

从激发兴趣上看，小红给母亲讲述的是新闻事件，调动了母亲的兴趣；在制造悬念上，案例中婆婆的两次无礼行为，都会让听者急于知道其造成的后果；小红在讲述故事的时候，模仿了案例中婆婆的语言，可谓声情并茂；面对母亲给出的评判，她给出了不同意见，并进行解释；最后母亲和小红达成的共识就是：人应该多站在别人的角度去思考问题。

有人说，自己知道的故事太少了，这并不影响你讲一个好故事，因为你可以根据对方的需求，有针对性地进行设计。

> 一位大龄青年相亲失败后，十分沮丧，于是给朋友打电话，让朋友陪他喝酒消愁。电话中，朋友设计了一个故事来安慰青年。
>
> "我知道我的工作一般，年龄又大，所以一再降低对女方的要求，可还是没有人看得上我。"青年说。
>
> "你的遭遇让我想起了刘邦。"朋友说。
>
> "给我讲讲。"青年说道。
>
> "刘邦像你这么大的时候，一事无成，连村妇都看不上，后来却被富豪的女儿看中了。"朋友说。

"我也盼望像他那么好命。"青年说道。

"那你就要拿出自信来，这世上谁青睐谁都不一定。"朋友说。

我们了解对方的情况，就好比射箭有了靶子。有的放矢的故事更能打动人，有时，很平凡的话语也能让对方产生巨大的激励作用。

在许多场合，有些话直说是很难让人接受的，与其这样，不如用故事旁敲侧击。若是能在故事中巧妙安插自己的观点，则更容易实现自己的目的，所以我们要不断提高讲故事的技巧。

第三章

说服他人不只是说对话那么简单

注重形象，良好的第一印象是说服的开端

有一年，一位青年来我们单位应聘，他的个人形象和举止都让人惊奇——光头、花布衫、皮拖鞋，见人事部的门开着，直接向人事走过去，人事都没给他深入沟通和做测试题的机会，就宣布他失败了。

可见，说服的开端并不是对话，而是个人形象，只有给对方留下良好的第一印象，别人才会给你达成目的的机会。这就是俗称的"礼到"。相关专家把"礼到"的总体要求归结为：仪态优雅、衣着得体、端庄稳重、整齐大方。下面我们就来看看，我们可以从哪些方面入手，来为个人形象加分。

一、仪态

仪态包括先天的体态和后天的行为训练，先天仪态难以更改，但是后天的训练会为你增加说服力。例如，优雅的站姿、坐姿及走姿，会让人觉得你有很高的素质。

站姿的要求：既不要趾高气扬，也不要垂头丧气。前者让人觉得过于骄傲，后者让人觉得缺乏自信。正确的方法是自然站直，目视前方，给对方留下从容、认真的感觉。

坐姿的要求：不可低头，样子扭捏地坐着，也不要双手插兜，还总抖腿。前者让人觉得缺少自信，后者则显示出你的懒散、傲慢。最好正襟危坐，面带微笑，这样会让对方觉得你很有礼貌。

走姿的要求：不可步子过大、过重，缺少沉稳之气，也不要过快，不够优雅。要抬头挺胸，这样才能给对方留下从容不迫的感觉。

行为：一个举止鲁莽的人，很难给对方留下良好的印象。原因有二：一是让人觉得没礼貌；二是给人粗心大意的印象，很少有人愿意接触莽撞的人。相反，举止谨慎的人会给人留下素质高、个性温和的良好印象。

有一年冬天沈阳总是隔三岔五地下雪。阿城开车撞树上了，车身毁坏严重，修车、去交警大队开证明、保险公司办保险，一堆事忙得他焦头烂额。尤其是去交警大队开证明，因为车是在近郊区撞坏的，只能去那里办理。

由于近郊区的交警大队更换了工作地点，阿城找了好久也没发现，后来远远看到一个协警，阿城便在冷风中摘下帽子，去询问。

协警说："不是很远了，我带你去吧。"

阿城在寒冷的天气里求助他人，仍不忘记摘下帽子的礼节。可见他这种行为已经是一种习惯了，足以证明他是很懂礼貌的人，值得帮助。

二、仪容

许多人都喜欢自然和谐的美，但不是指所谓的素颜。大家可以化一点淡妆，让自己看上去优雅大方。

女士形象：头发不染不烫，尽量避免散发；面部应化淡妆，与人相见时，应面带微笑。

男士形象：头发应保持清洁和整齐，不可压眉或披肩；面部应修剪胡须和鼻毛。

服饰搭配：服饰搭配可以反映一个人的品位，不可小觑。有时候搭配错了，会给人十分滑稽的感觉。例如，一个歌手身材瘦小，上舞台后，居然穿着长裤，系上很长的围巾，显得腿部特别短。在这个拼颜值的时代，很影响个人的吸引力。

要想给别人留下良好的第一印象，就要注重个人形象。此外，个人形象也会影响谈话的气氛，若是气氛好，对方会给你更高的认可度，同时会提高说服的成功率。

明确目标，有目的地说服他人

很多人在说服他人的过程中，把话说到一半，遇到了一些困难就开始转移话题。为什么会这样？就是因为目标不明确，所以没有坚定的力量。也有人说服他人意志如铁，却仍没有成功。究其原因，都是说话目的性不强。由此可见，我们想说服他人，不仅要有目标，还要有目的，二者之间的关系是相辅相成的。目标坚定，就会为它做很多有目的的事情，最后实现目标。

> 乔丹上高中的时候，瘦弱矮小，连进校队打球的机会都没有。可是他有一个明确的目标，就是将来一定要从事篮球事业，并进入 NBA。为此他找到校队教练，在教练面前展示自己的球技，以求获得进入校队的资格。
>
> 教练看完乔丹的展示后，说："乔丹，你现在还没有具备进校队的实力。"
>
> "我差在哪？"乔丹问教练。
>
> "首先，你的球技很差；其次，就是你的身材瘦小。这两点决定了场上没有一个位置适合你。"教练说。
>
> "教练，我恳求你给我进校队的机会。球技不好，我可以努力训练；身高差，以后也还会再长高的。"乔丹说。
>
> "你才 1.7 米多一些，不会长得太多了。再说，我了解你的家庭情况，你父亲才 1.8 米，你就是兄弟姐妹中最高的了，从遗传学的角度看，我不相信你还能长高，但是球技提高还是有可能的。"教练说。
>
> 乔丹虽然受到了打击，但是并没有气馁。他跟教练说："教练，不管怎样，我今天一定要进校队，哪怕是给球员们收拾球衣，搬饮水机也可以。"

教练看他决心如此坚定，深为感动，就给了乔丹进入校队的机会。

进入校队以后，乔丹更加努力地练球，不仅技术有了全面的提升，身高也长了很多，最后逐步成为举世闻名的球星。后来有记者采访乔丹的父亲，问他："乔丹为什么能成功？"父亲说："他进NBA的目标很明确，并很好地说服教练进入了校队，才能得到快速的进步。"

乔丹能成功的原因并不在于他天生强大，而是在于他有一个非常明确的目标。在争取目标的过程中，他说服他人的话语目的性十分强，而且十分有智慧。

下面我们根据乔丹的案例，来总结一个有利于明确目标并实现目标的方法，就是在决策和行动前多问自己一些问题：我真正在乎的是什么？目前我有什么可以选择？选择会带来什么结果？什么是可以说服他人的重要条件？我是否还有其他选择？

在上述问题中，比较难解决的是：什么是可以说服他人的重要条件？我是否还有其他选择？

生活中，我们经常看到这样的现象：一些律师对案件的细枝末节很了解，但是基本案情不太清楚；一些员工对公司的规章制度很了解，但是不知道哪些最为重要。有什么方法解决这一问题呢？大家请律师的目的是胜诉，那就围绕胜诉进行准备。就像乔丹，一心想进校队，他知道凭实力不可以，但是当个勤杂工，离成功就更近了一步。

对于"我是否还有其他选择"，有些人总以为，有些事等等就会有机会，但是很多时候客观条件有限，必须有目的地、明确地说服他人。

战国时期，秦国攻打赵国。赵国不敌，向齐国求救。齐国要执政的赵太后送小儿子入齐国当人质，若同意，就发兵。赵太后愤然拒绝，许多大臣劝赵太后答应齐国的条件，都没有成功。

> 老臣触龙前去劝谏。他指出，赵太后让女儿远嫁燕国，外孙可继承王位，这是对女儿的长远打算，但是对小儿子却目光短浅。赵国开国功臣的后代已没有被封侯的了，原因是没有功劳，难以服众。此时太后若不让小儿子为国立功，日后他也不会得到别人的支持。
>
> 赵太后醒悟了，同意了齐国的条件。齐国出兵帮赵国取得了战争的胜利。

赵国老臣触龙此时只有一个选择，所以他很有目的性地提到赵太后让女儿远嫁燕国的打算，当时她也一定是舍不得的，但是为了女儿的未来只能如此。如今为了儿子，也该做出明智的选择，而且从赵国的开国功臣的后代来看，也该如此。面对不同的说服对象，就一定要找到能使对方妥协的关键点，这样说服才会奏效。

要想有目标地说服他人，就需要在跟对方进行交谈的时候，提前把交谈的方向明确了，提前对要交谈的内容进行了解和熟悉，这才有可能说服对方。目标给人带来了定力和勇气，但是不能通过智慧说服他人帮助自己，这样将使你很难走得太远。因此，要不断提高说服他人的技巧。

知己知彼，开口前先了解对方

说到知己知彼，知己是要了解自己有哪些可以说服他人的条件，说服的目的是什么；知彼是要了解对方的身份、人际关系、个性、收入情况、知识构成等信息，这样才能站在对方的立场上去考虑问题，并采用投其所好的方式来说服对方。

知己对大多数人来说是容易的，知彼则比较难。了解他人的经济实力和人际关系在当今社会不难，但是弄清对方的价值取向，则需要很强的观察能力。为此，我们要了解对方的个性和喜好，才能让说服顺利进行。

以健身顾问为例，想要说服顾客，一定要听顾客说了什么，观察他的情绪变化，必要的时候还要询问他的真实想法。这样了解了顾客的真实想法就能掌握主动权，就可以恰到好处地选择说服他人的角度和专属的说服方法，从而使说服更有效。

> 一家新成立的健身房，在宣传期雇了一些健身顾问。这些健身顾问经常在周边的地铁口、商场门口进行宣传。健身顾问苗苗采用逢过客就发单的方式，有一天，她被一个中年男子训斥："你第一次给我发单，我就告诉你，没钱去不了，到现在都拦我五回了，你是不记人，还是看不到别人在走路！"
>
> 苗苗默不作声。而她的同事彤彤的推销方式则完全不一样，彤彤把传单发给步态悠闲，身形发胖的人士，并询问他们的工作、住地、闲暇时间多不多、想要办哪一种卡。过客要是表示暂时不想办，来日再相见时，她会笑着打声招呼，并不急于问过客是否有意向办卡，反而找她办卡的客人最多。

中年男子之所以会怒斥苗苗，就在于苗苗没做到知彼。她第一次向男子发宣传单，对方就说没钱去不了。这种说法许多人都能听出言外之意，即毫不犹豫地拒绝。之后，若再给他发宣传单，无异于是一种骚扰。

而彤彤则采用了精准营销的方式，先从外形和步态上分析他人办卡的可能性，再详细询问对方的其他情况。就算暂时没有办卡的人，她也会打声招呼。能记住对方，是对他人的一种尊重，会让人产生亲切感。此外，不追问他人，就是将决定权交给对方，这也是许多人最喜欢的一种方式。彤彤所做的一切都是站在对方的立场上，大家自然会支持她。

所以说，在与顾客交流的过程中，听也是很重要的。说服，说是重点，但是说之前，还要先学会听。而听的第一步，就是先闭嘴，用耳朵来感受。会听的人，才真正会说，也才能真正地说服他人。

有人说，知己知彼的目的就是将心比心。如果我们能给对方超出需求的关心，你的说服计划离成功就更近了。而这些在知彼的情况下，完全可以推测出来。例如，三伏天，你给对方递一把扇子，自然会得到对方的好感和信任。

我们来看看推销员甲和乙是怎么面对同一个客户的，再来分析知己知彼是怎么升级使用的。

推销员甲到客户家，就迫不及待地开始介绍自己的产品，声音清晰、绘声绘色、妙语连珠，从产品质量讲到应用前景，把产品说得神通广大。然而客户却说："很抱歉，你的产品是不错，但是我并不需要，所以你不必再说了。"推销员甲只好离开。

推销员乙到客户家，跟客户先闲聊几句，同时根据对方的家具布置，推测出他的品位和消费水平，随后才开始向客户介绍产品。他先询问对方需要的款式和价位，然后根据自己的经验，帮客户分析更适合买哪一款产品，能得到多少好处，能节省多少开销。最后，他没有向用户推荐带来的产品，而是告诉他不久后，公司的这款产品会升级，不如过一段时间再买。客户感到他的诚意和细心，不仅买了他的产品，一段时间后还购买了新产品。

推销员甲为什么会失败？他只知道己，不了解彼，还急于求成，不询问对方的需求，也不知道对方青睐什么样的产品，夸赞不过是白费力气。而推销员乙不仅做到了知己知彼，还对用户需求有前瞻性的估计，帮客户分析如何获利，从而打动了对方的心。其最巧妙的地方是，建议客户买更新的产品，让客户切实地感受到他的诚意。因为客户信赖，推销员乙出色地完成了说服计划。

通过观察了解对方是务实的人，就不要只夸产品好，而要说产品能给客户带来的切实利益和价位情况，也就是要对自己的目的做舍弃。但是舍到什么程度呢？只要不亏本即可。知彼不仅要了解对方当下的需求，还要通过观察和询问看对方以后消费的趋势，为以后的说服工作做铺垫。如此，在说服的过程中才会一直占据主动位置。

同频才能交流，交心更易说服

在同频交流方面，销售界有一个共识，就是：同频是交流的前提，有了交流才能交心，交心更容易说服对方与自己合作，这就有了交易。其实这个共识适用于任何一个领域。人们常说，话不投机半句多，就在于交谈的双方不在同一个频道上，对方连半句话都不想跟你说，就不可能有交心和说服的机会。为了防止这种现象出现，我们来看看一些可促使同频沟通的技巧。

一、共同语言

人与人之间没有共同语言是一件非常尴尬的事情。许多人都遇到过这样的事情，自己兴致勃勃地提起一件事，对方却说："很抱歉，我对此事毫无兴趣。"若你再不停地说下去，对方会很反感。为了不让这种情景出现，我们就要努力寻找共同语言。

> 丹枫在健身房内连续上了两节单车课，出来后遇到一个身材瘦小的中年男子。
>
> 中年男子主动搭话："小伙子，体型不错啊。"
>
> "太胖了，不狠点减不下来。"丹枫说。
>
> "你可以尝试马拉松啊。"中年男子说。
>
> "不喜欢，太枯燥了。"丹枫说。

"那才能锻炼意志力呢，我前些天去杭州参加马拉松比赛了。"中年男子说。

"杭州天气怎么样？我想去那旅游。"丹枫说。

"太适合跑马拉松了，加速呼吸不困难，能创造个人最好成绩。"中年男子说。

"飞机票多少钱？"丹枫问道。

"我是朋友帮买的，都忘了。你要是对马拉松也感兴趣，明年沈阳马拉松，我帮你报名，机票让我朋友帮你买。"中年男子说。

"谢谢了，我先去冲澡了。"丹枫找理由离开了。

丹枫走向洗浴室，途中遇到熟人老吴。

"丹枫，今天骑的时间可够长的。"老吴说。

"是啊，关键是教练的音乐很给力。"丹枫说。

"单车课就是得有好音乐。哪个教练的课？以后我也来一节。"老吴问道。

"哥，你可得慢点骑，有点伤膝盖。"丹枫说。

"我会注意的。你要是不忙，一会陪我去选点健身装备，我请你吃饭。"老吴说道。

大家一定见过上述中年男子这种人，只顾说自己感兴趣的事情，完全不在乎别人的兴趣点。丹枫问他旅游的事情，他的回答几乎毫无帮助，这就是不同频常见的表达方式。而老吴和丹枫的交谈则十分顺畅，二者谈到了单车音乐的关键性和骑行会带来的损伤，而老吴听到丹枫关心的话语，让他帮自己挑选健身装备，并请他吃饭。这若是换到销售领域，等于交易成功。

二、共同表达

在语言表达上面，人们说话的语调、语速、语音会有所区别。不同的语调、语速、语音往往会表达出不同的感情。例如，人们常说的"贵人话语迟"，有时是说一个人很傲慢。如果你是一名无法适应顾客语速的营销员，将会不利于增加你的销售额。

一位男中音歌唱家说话很慢，但是买东西却毫不犹豫，消费额还高，对经销商来说是位优质客户，可是因为他语速慢许多销售员都不喜欢与之交谈。也正是这种态度导致歌唱家不在这些销售员那里购买产品。而销售员小谭和歌唱家交谈时，主动放慢了说话速度，态度还热情，获得了歌唱家的喜爱，成了他的忠实顾客。

我们试想，歌唱家要是遇到快嘴李敖会是什么情景，李敖很可能转身就走。二人说话的方式太不一样，彼此都难以适应，很难沟通愉快。

三、共同爱好

有共同爱好的人同频起来十分容易，若是个性再有相似之处，会有种遇到知己的感觉。

李涛和阿威是高中同学，自毕业后，已经是18年未见了。俄罗斯世界杯期间，二人在一个足球主题餐厅偶遇。

"兄弟，好久不见，还是这么热爱足球。"李涛说。

"也淡了，但是克罗地亚大战英格兰必看。"阿威说。

"你还是喜欢克罗地亚啊，觉得今晚他们能赢吗？"李涛说。

"我觉得能。"阿威说。

"为什么？"李涛说。

"克罗地亚球风强悍、狡猾、顽强，英格兰总靠定位球得分，机动性有点差。"阿威说。

"我跟你的想法一样。要是克罗地亚对战法国，你觉得有没有胜算？"李涛说。

"法国实力强大，但球员年轻可能会急躁。克罗地亚要是学意大利打防守反击就有机会。"阿威说。

"真希望格子军团创造奇迹。"李涛说。

两个多年未见的同学，竟然毫无陌生感，这就是共同爱好起到的作用，我们与人交流也要主动寻找彼此的共同爱好。在这个过程中有个诀窍，你可以找大家普遍喜欢的话题去谈。例如音乐、影视、美食、体育等。

四、共同经历

不久前，微信上有一篇文章叫《属于 80 后的回忆》，晒出我们这代人小时候爱玩的游戏、爱吃的食物。老朋友小马问我："你小时候弹玻璃球准不？"

"一般，我喜欢玩打库（把一堆球放在画好的格子里，打出格的球归你）。"

"我也是，就它刺激。你都爱用什么打法？"

"高吊球，冲击面积大，但是成功率不高。"

"直冲球爱改变路线。"

"一会我们去台球室演练一下。"

这就是共同经历的作用。它融共同爱好、共同语言为一体，很容易找到共同话题。若是你说出一些事情，对方很容易认同，大家因同频而交流，因交流而深入了解，彼此交心，这些都能为成功说服做好铺垫。因此我们与他人交流时，要努力寻找共同点，不要自说自话，这样才能赢得更多的认可和支持。

肢体语言的说服力，态度比语言还重要

美国语言学专家史密斯认为："人们在表达态度和情感时，语言所传达的信息量只有 15%，而肢体语言所传达的信息量却高达 85%。"我们不纠结于这种研究成果的可信度，但是有一点毋庸置疑，肢体语言可以表现一个人的态度和情感。例如，人们形容一个人不屑于一件事，用词为"一笑置之"。你若是有重要的事情一定不会用这个人，因为他的态度告诉你，此人不可重用。由此可见，态度在说服力方面比语言还重要。

有人把肢体语言定义为通过头、手、身躯、足等人体部位的动作来传情达意的一种沟通方式。和他人交流时，这些动作能够帮我们猜测出对方的态度。和语言交流相比最大的优势在于，语言经过思考的润色，因而可信度不高，但是肢体语言可掩饰和控制的部分很少。除非经过专业训练的人，一般人很难有意识地去控制肢体语言。例如，孔明演完空城计，走路时也会脚下发软。一些足球队员罚点球时也会呼吸急促，这不是靠精神的力量就可以控制住的。所以，肢体语言有很高的真实性。

我们先来看一些常见的肢体语言可表达的态度，再来看它们的应用。

一、眼神

目光要柔和，眼睛要炯炯有神，忌布满血丝、空洞无神。在与人进行交流的前一晚，要注意保持充足的睡眠，保证第二天的精神状态，这样就可以更加有希望说服对方。

二、笑容

笑容要时时挂在嘴边，并且微笑要发自内心，做到亲切、友好、真诚、和谐，让人感到非常舒服。忌无微笑，皮笑肉不笑。笑的范围要适度，两嘴角微微往上扬，露出 6~8 颗牙齿的微笑最好。同时，笑也要适宜，要结合环境、时间、事情而进行。当交谈的对方不开心、情绪低落时，你的面部表情应做出相应的变化。

三、目光

在人际交往中，与人进行目光交流十分重要。交流时，我们的目光应坦然、亲切柔和、专注有神，目视对方代表对对方的重视，这就是交流的基础。同时伴有微笑，会使人感觉平等、轻松、亲切，拉近与对方的距离，营造轻松愉快的洽谈氛围，这更加有助于说服对方。

目光接触可表达多种感情，例如深情、仇恨、痛苦、快乐、忧伤、厌恶等。洞察力敏锐的人，从对方的双眼中就能看出他态度的变化，这样有助于在洽谈的过程中察言观色，游刃有余地进行应对。

四、表情

表情主要是指面部表情，它是由嘴部、鼻部、眉毛表情组成的。在整个交流的过程中，我们都应保持阳光般的微笑，亲切自然。同时，我们应全神贯注、用心倾听、随和多变。切忌目光呆滞、面无表情。

嘴部表情：咬牙切齿，表示愤怒；撇嘴表示轻蔑；张嘴露齿表示开心。

鼻部表情：嗤之以鼻，表示厌恶；屏住呼吸表示小心翼翼；张大鼻孔表示愤怒。

眉毛表情：扬眉表示得意；立眉表示愤怒；眉毛抬高表示惊讶。

五、姿态

身体略前倾，表示尊重或感兴趣；微微欠身表示有礼貌；身体后仰表示傲慢或不在乎；侧身表示轻蔑或厌恶；背对对方表示不愿理睬。

六、手势

双手外摊表示无奈或坦诚、友好；双手外推表示拒绝；挠头皮表示困惑；扯衣角表示紧张；拍脑袋表示自责；摆手表示制止；翘起小指表示贬低、蔑视；背手表示自信。

在人际交往中，肢体语言传达的信息有时比语言更精准。因此我们需掌握如何正确地使用肢体语言，同时观察对方的肢体语言，才更有可能实现说服的目的。

推销员叶女士和一位客户约好在咖啡馆会面。见面时，对方双手交叉抱在胸前，在椅子上跷起二郎腿。叶女士从他的肢体语言中，读懂了他的态度：对自己不信任，有些排斥。叶女士告诉自己先要取得他的信任，于是她身体前倾说："你好，我姓叶，很高兴认识你。"

> 随后叶女士摊开双手，意思是说："我对你是坦诚、友好的。"在交谈的过程中，她把手伸向对方，表示愿意和对方合作。对方看到叶女士的肢体语言，自己的肢体语言也发生了变化，慢慢放下二郎腿，打开双臂。叶女士展示资料时，他身体微微前倾，等到沟通结束，客户已经和叶女士签了一份订单。

可见，肢体语言具有直观、形象的特点。有经验的说服者大多擅用肢体语言，他们会从肢体语言中分析对方的态度。叶女士在沟通中把肢体语言和口头语言结合使用，不仅传达了信息，还表明了态度，她通过观察对方肢体语言的变化，也可以准确掌握对方态度的变化。

> 老杨因为有事在朋友家借住一段时间。朋友说："就我们的关系，你愿意住多久就住多久，只要不嫌我这里太挤。"
>
> 一周后，老杨有天洗浴回来，从门缝中看到朋友对他的鞋踢了一脚。
>
> 次日，老杨就向朋友告别了。

朋友这一脚充分反映了自己的态度，他希望老杨赶紧离开。很多人说得好听，但是会被动作出卖。据心理学家研究：当一个人的语言和动作表示的意义不一致时，人们更加相信肢体语言。

古人写"执手相看泪眼，竟无语凝噎"，意思是：无须任何语言，双方都能看出彼此的真情。当你工作做得出色时，老板什么也没说，只是拍拍你的肩膀，脸上带有微笑，就能感觉出他对你的认可、鼓励和亲近，此时无须说服你，你也会继续努力工作。

我们要从对方的动作中体会他的真意，如此说服才不会被敷衍和欺骗，从而获得真正的成功。

台风四定法则：站定、笑定、眼定、身定

当一位演讲者在台上演讲时，他的肢体语言究竟会对听众产生多大影响呢？心理学家梅拉宾曾做过测试，得到的结论是：我们对一个人的印象7%来自谈话内容，38%由语气、语速、音量决定，而肢体语言所占比重居然高达55%。

也就是说，听众主要靠视觉来形成对演讲者的印象。有人会问，演讲不是应该以内容为主吗？大家不妨做个测试，对你的亲朋好友用不同的方式表示一下"我喜欢你"，表情和善、语气温和与表情严肃、语气冰冷给对方的感受完全不同。演讲也是如此，演讲者不可忽视自己的台风，否则演讲会失败。什么样的台风更好？许多演说家认为从容大气最好，想要做到这一点需要遵守台风的四定法则：站定、笑定、眼定、身定。下面，我们来看看四定法则具体指什么。

一、站定

所谓站定就是不要总移动身体重心，这会让听众觉得你过于紧张。也不要为了照顾所有的听众四处走动，这样总会有背对听众的时候。不如找个合适的演讲位置，站定不动。若是演讲会场没有设置讲台，最合适的位置是前台中间，这样可以统观全场，任何一个方位听众的情绪你都能有所了解，而且听众也能从自己的角度看到演讲者的表演。此外，我们必须要考虑光源，要让听众看清你脸上的表情，这样对听众来说有更大的感染力。至于站立的姿势，没有固定的要求。常用的站立姿势有两种：一种是一脚在前，一脚在后，双脚成45度角，身体微向前倾，称为"前进式"，这种姿势给人一种积极向上的感觉；另一种是两足平行站立，间距与肩同宽，让人觉得精神干练。

演讲者在选好适合自己的站姿后，身体要放松，身体过于僵硬会影响演讲的效果。但是放松不代表可以随意晃动，这样反而会让听众觉得演讲者并不重视这次演讲。

二、笑定

微笑能产生巨大的亲和力，几乎所有人都喜欢乐观开朗的人。微笑在销售中是很重要的肢体语言，在演讲中也是如此。演讲者的微笑应该在演说之前就加以运用。例如，微笑着走到台前。微笑不仅能代表演讲者的自信，还会让听众感到一种亲切感，既拉近和听众的距离，还能减轻自己的紧张感。

但是微笑要适度，不可过于夸张，否则会让听众觉得你不够真诚，略显轻浮。

三、眼定

有的人说话时喜欢望向天空，让人觉得他思想不集中或目空一切；还有一些人说话时愿意看地板，好像演讲的内容有愧于听众。成功的演讲者会巧妙地运用演讲传达出的丰富多变的思想感情，感染每一位听众。此外，眼神对听众还有提醒作用，要是听众交头接耳，演讲者无需高喊一声来制止对方，只需一个眼神，听众就会明白你的意思。

在用眼神交流的过程中，最忌讳眼神游离。演讲者的眼睛要一直注视台下的听众，听众才会有被重视的感觉，从而专注于你的演讲。

四、身定

人们常说站有站样，坐有坐样，就是说身体不要乱动，才会给他人留下沉稳的印象。若是一个演讲者总是抖腿、挠脑袋，大家很难相信他是一个胸有成竹的人。

> 胡军是一家教育辅导机构的青年教师。有一天，他给学生上课，学生们见他穿着八分裤，就已经觉得他教学未必很严谨了。在讲课过程中，他又一再挠头、抖腿，大家都觉得他可能是没有好好备课，才会有这些代表心虚的动作。

师者要为人师表，因为他是学生们的焦点。而演讲者会通过演讲向别人灌输思想、鼓舞士气、说明道理等，这和老师的工作很相似，所以演讲者千万不要做有损自身形象的动作。

在日常生活中，我们也应该遵守演讲中的台风法则，既能增强对对方的说服力，也可以为以后的成功演讲做好充分的准备。

第四章

练就高效说服力，你需要下足功夫

热情问候，为成功说服创造良好氛围

问候在人们的交流过程中经常被用到。但是热情与否，对说服对方来说效果会有很大的不同。例如，我们去一家饭店，服务员热情地向你问候，会让你觉得很受重视，在那里就餐的可能性就很大。反之，服务员只是冰冷地说："先生您好，女士您好！"你可能会有被轻视的感觉，进而选择换一家饭店。正是热情的问候，给了对方一种亲切、温暖的感觉，你再说服他，就相对容易很多。

但是有些问候成为一种常用的礼仪后，热情反而不显。例如，我们小时候念书，见到老师会说："老师好！"其实有些老师知道自己并不受学生喜欢，他们只是在遵守校规。所以，问候也不是一件简单的事情，它需要一些技巧，才能帮助你实现目的。在这之前我们需要明确为什么要问候？其主要有三大目的：拉近距离、建立信任、引起兴趣。接下来，我们就来看看如何运用这些技巧达成目标。

一、让问候与众不同

问候的最基本目的是让对方感到你关心他，从而拉近彼此之间的感情，使对方愿意接受你的建议，或者主动帮助你。

> 入秋后，气温突然下降。小王在上班的路上，看到邻居高大妈在锻炼身体，便走过去神秘地对高大妈说："大妈，您看新闻了吗？主播有一件事叮嘱大家。"
>
> "什么事？"大妈说。
>
> "入秋天凉，加件衣裳。"小王说道。
>
> 高大妈笑着说："你这个丫头啊！快走吧，还能吃点早餐长秋膘。"

小王路过路边小摊买了一个手抓饼，很感谢大妈的提醒。大妈因为小王的问候也对小王好感倍增，经常在邻居面前夸小王，还把小王介绍给自己优秀的侄子做对象。

小王若采用常规的问候，例如"大妈，天凉注意身体"，大妈可能只是会心一笑，然后继续锻炼。可是小王换了一种方式，她借用新闻的吸引力引起大妈注意，然后提醒大妈加件衣裳。这种问候方式，在关心中又多了一种亲昵的成分，更能让人感到高兴。于是大妈不仅接受了小王的好意，还给小王提出很好的建议，并主动帮她解决终身大事。所以问候在沟通的过程中有难以估量的作用，我们需认真对待。

二、问候对方最关注的事情

我们若是想用问候表示对一个人真诚的关心，最好问对方最关心的事情。例如，对方在经商，你就问他盈利的问题；对方在考学，你就问他复习的效果。你的问候能让对方感觉到你对他特别关心，以后你对他有什么要求，他很可能全力以赴帮你去做。

入伏后，小田患了严重的皮炎。小超看到后，帮他分析可能引起皮炎的原因，并向他推荐皮肤科很好的医院。

不久后，两人在篮球场相遇。小超问："田哥，你的皮炎好了吗？"

"差不多了。"小田回答道。

"查出什么原因？"小超问道。

"对潮热和海鲜过敏。"小田回答道。

"不严重就好！田哥，我上次去泰国玩，买了点专治皮炎的药膏，下周末你要是还来打球，我给你带一管来。"小超说。

"谢谢兄弟！"小田说。

在所有要紧的事中，身体上的不适可以排在首位。小超知道小田患有皮炎，先问候他的身体状况，这样的问候显得特别贴心，这远比"早饭吃了吗"之类的问候更具关怀之情。而且小超还能通过问候帮助田哥解决棘手的问题，怎么可能不让对方感动。以后小超若需要他的帮助，他也很难拒绝。也就是说，问候要有针对性，对打造良好的说服氛围帮助巨大。

三、问候要有选择性

对于不同的人，问候的方式要有所改变，才能更好地实现目的。例如，有些地方的人早餐有吃鸡蛋的习惯，你若在那里经营饭店，面对顾客就不要说："先生，你要不要加个鸡蛋？"而是"先生，你是加一个鸡蛋，还是加两个？"你明知道对方必然会加鸡蛋，就不必问需求上的问题了，而且"要不要加个鸡蛋"的问法不够聪明，按照人的语言习惯，他会说："可以。"你就只卖了一个鸡蛋，若换成后者的说法，他可能会说："还是来两个吧。"你的销售量就会大幅度增加。当然，有些问候必须针对不同人的习惯、性格等做调整，这样才更有说服力。

可见，问候的目的不只是搭话，而是增进和对方的情感，是对对方了解更多的一种方式。无论是工作中，还是生活上，能够正确使用问候，都会为说服减小很多难度。

用心准备内容，每一次说服都要有备而来

有人在说服他人时，精心准备了说辞，却没取得预期的效果。究其原因，就是准备得还不够充分。相关专家认为，要想成功说服一个人，说服者要在内容、情绪和身体上做全方位的准备。

下面我们来看看，以上三方面该如何准备。

一、内容的准备

在几项准备中，内容是至关重要的。此外，它跟情绪和身体相比，受客观环境的影响更小，可以提前准备。有人会问，我们应该怎么准备？那就是要了解对方的身份、年龄、性格、长处、兴趣、真实想法等，差一个要素都会影响说服的效果。我们先说身份和年龄，然后再分析其他要素。

1. 身份和年龄

大家可能还记得电视剧《三国演义》中的片段，王朗去说服诸葛亮投降曹魏，却被诸葛亮大声斥责："二朝贼子，你枉活七十有六，一生未立寸功，只会摇唇鼓舌。"王朗羞愤难当，当场气死。

诸葛亮能骂死王朗，就是对王朗的身份和年龄一清二楚。所以他先骂王朗是二贼臣子，随后再骂他一把年纪毫无功劳。王朗才会难以承受，羞愤而死。

2. 性格

性格不同的人面对他人的说服时，其接受能力和敏感程度会有很大区别。我们只有了解对方的性格，才能有针对性地准备内容，以便展开工作。我们假想诸葛亮辱骂的不是王朗而是许褚，估计对方很快就能用武力让诸葛亮闭嘴。所以，面对不同性格的人，不能准备一样的说辞。

3. 长处

我们说服一个人很多时候要借用他的长处，就是他最熟悉、最擅长的领域。在说服对方时，我们最好从对方的长处切入，这样有三个好处：第一，你说的话题对方会有很多见解，对你会有帮助；第二，你谈论的东西他能快速理解，说服他相对容易；第三，他的长处也是你说服他的一个重要条件，因为这能调动他的兴趣。

李某自己成立了一个律师事务所，为了吸引更多的客户，他采用了微信推广的方式。例如，把一些案件用故事的形式加以描述，再从法律的角度去分析，但是他的文笔还不足以把一个故事写得十分精彩。于是他找到给一家大型公司写内刊的好友老宋。

"宋哥,你现在工作忙吗?"李某问。

"闲得很,我正准备再找一份兼职呢。"老宋回答道。

"那还不如帮我写点东西呢。"李某问。

"我在法律上可一窍不通。"老宋回答道。

"不让你写法律,而是写跟法律案件有关系的故事,最好设置一些悬念。"李某说。

"你有样稿吗?"老宋问道。

"有,我马上就给你发一个。"李某回答道。

"我试试,你要是满意,我就在你那干兼职了。"老宋说。

"我相信你的实力。"李某说。

同样的故事,律师写得未必有文员出色,因为文员有更多的写作技巧。李某深知老宋的长处,当他提出要求的时候,老宋很快就明白该怎么写了,而且主动要样稿,并尝试去写。要是这并非老宋的长处,他可能会权衡给朋友干兼职或再找一家公司工作的好处。就人性来讲,大多数人都更愿意发挥强项,因此用长处说服人一定会事半功倍。

4. 兴趣

许多人读过嵇康写的《与山巨源绝交书》。山涛希望好友嵇康入朝为官,嵇康说自己的兴趣不在仕途,并跟为官的山涛绝交。可见,你不了解对方的兴趣,很难说服他人。

我们说服别人帮忙时,也要考虑对方的兴趣,而且要精细。例如,许多人喜欢绘画,但是绘画种类有很大差别。若不搞清楚,也不算了解对方的兴趣。

5. 真实想法

一个人坚持自己的想法,很可能是经过深思熟虑的,而且符合自己的状况和性格。我们若是拿自己的意愿去说服他,就算可能给他带来一些好处,对方也未必能接受。例如,一位主管几次建议老板开发新产品,老板说:"现在产品更新得这么快,一旦失败我连给你们开工资的钱都没有了，再说我已经是 50 多岁的人了，只追求小富即安。"

锐意进取的员工很难说动稳妥为上的老板，要是你跟老板说："当下的时代原地踏步等于倒退。"他也许会认真考虑是否创新，因此了解对方的真实想法，你的语言才能引起他的深思。

二、情绪的准备

如果我们想说服他人，首先要控制好自己的情绪。不可激动、亢奋，也不可过于消极。心平气和地讲话，才能让对方更好地接受。例如，大家都听说过臣子以死进谏的事例。主要原因就在于这些大臣的情绪怒不可遏，说话的内容也就不可控制了，所以才会激怒对方。

可见，拥有良好的情绪是说服成功的前提。此外，大家都听说过"情绪带动"这个词，你的不良情绪会影响到对方的情绪。彼此不能和颜悦色地交谈，很难实现说服的目的。

三、身体的准备

所谓身体的准备，首先是精神要饱满；其次，在交流的过程中，身体要自然放松。让精神饱满的方法有很多。例如，在说服对方前好好休息，喝杯饮料振奋一下，等等。在与人交谈的时候，身体放松，才不会让对方觉得你局促不安。此外，放松的身体会让你有合适的语速，有利于说服对方。

可见，以上几方面准备是相辅相成的，情绪会影响内容和身体的准备，反过来，内容也会影响其他两方面的准备。所以，大家在说服他人时，准备一定要是全方位的，才能快速实现目的。

让赞美成为说服他人的利器

莎士比亚说："若是你要说服的人并没有很好的德行，就假设他有吧，可能会有意外收获。"莎翁的话会让许多人想起儿时看到的寓言故事：一只狐狸赞美树上的乌鸦唱歌好听，乌鸦满心欢喜，刚想展示歌喉，口中的肉就掉了下去。现实也是如此，有时候我们想要说服他人，可以宣称对方具备你想要看到的那种德行。

> 有一年，金哲去车站送来北京看望自己的弟弟小蒙。因为怕赶不上火车，两人早早就到了候车室，候车室里已经没有可坐的地方了。但是，就在他们不远处，一个纹身的高大男子正躺在长椅上睡觉，一个人占了一排座。
>
> 金哲跟弟弟说："我去让他给你让个座。"
>
> "哥，算了吧。万一跟他发生口角犯不上。"小蒙担心地说。
>
> 金哲用余光发现那名男子其实是在假睡，就故意说："放心吧，弟弟，步入社会时间长的人更懂规矩，我一说，他就能给你让。"
>
> 金哲去请男子给让个座，男子让他们都坐下，还跟金哲很友善地聊天。

许多人对纹身的高大男子会有一种恐惧感，认为他们蛮横、粗野。金哲要是强行让男子给自己让个座，男子有可能继续装睡，或者跟他们发生争吵。但是金哲采用了赞美的方法，说像男子那样的人可能更懂得规矩。金哲这样说，男子也无法拒绝扮演这个明事理的角色。

在赞美的过程中，如何能够有效让对方感受到你是真心实意的呢？其实这是有技巧的。首先，要让对方感受到你从内心深处是接受他的，运用聆听、点头、注视等动作来让对方确认；其次，在交谈的过程，要不时地呼唤对方的名字来表达认同，对方说的话要感同身受地去理解。在交谈的过程中，要不断使用"谢谢"等词语去感谢对方。最后，赞美就顺势而来了，这样对方也就更容易接受了。

赞美既是一项技术活，也是一项艺术活，最好就是在他人感觉不到的基础上不留痕迹地赞美。赞美要真诚，要看着对方的眼睛，贴切具体地赞美对方真实的优点；一定要让对方清楚地听到你的赞美，并且真正地感受到你对他的赞美是发自内心的，还可以通过其他人的话语来对其进行赞美，这个效果也很不错。

人们说，爱美之心人皆有之。从广义上来讲，美有内在美和外在美两种。人们都希望别人能欣赏和认可他们的美，不管是内在美还是外在美。有位作家说："有才气的女人显示才华，有美貌的显示容貌。"她们显示的原因就是希望得到他人的赞美和认可。你的赞美越多，对方能给你的反馈就越多。

小刚是一名歌手。有一天，他找到作词的朋友小森，说："我想写一首金戈铁马的歌，最好是中国风的，我觉得你一定能写，别人的文笔我信不过。"

"我试试吧。"

小森写"故地凉州，河西咽喉，烽火连天过深秋，君王愁……"，描写的是西晋时期，一次以少胜多的战役。

小刚看到后说："这词好啊，但是知道这件事的人不多，我怕很难带动听众。你能再写首赞美关羽的歌吗？"

"再给我点时间。"小森说。

"不着急，好饭不怕晚。"小刚说。

三天后，小森写好了歌词，还有念白，写的是"夜读《春秋》，朗声古庙。仁为己任，任重道远。三五宴饮，封侯赐袍……"，描写的是赤壁之战与单刀会，可谓涵盖了关羽的辉煌事迹。

"太好了，还从来没有人以这样的词句赞美过关羽，我马上就找人谱曲。"小刚说。

从案例中我们可以看出，想让别人对你全心全意地付出，就应该围绕他的优点进行赞美，并给予他展示的时间和空间，他就会拿出极大的热情去帮你。小刚求小森时的赞美很巧妙，他说："别人的文笔我信不过。"

既表示了自己对小淼的佩服，又表现了对对方的信任，所以对方也给他如同知己般的待遇。

除了上述场景，赞美在销售中更是有着举足轻重的作用，尤其是面对女性顾客。有一次，我陪闺蜜逛商场，她挑选了两件不同颜色的绒衣，问我哪件更适合她。我说："你长得白，身材又好，两件都挺适合。"她就高兴地把两件衣服都买了。我想她要是问销售员，也许销售员会通过赞美再向她推荐首饰，也可能会成功。

可见，赞美是说服他人的利器。它能促使他人做更好的自己，从而给你带来更多的帮助，这远比通过挑剔和强迫他人做事要好，不会导致他人敷衍了事。

掌握发问技巧，问比说更有说服力

在生活或工作中，许多人为了说服他人，滔滔不绝地阐述自己的见解和观点，往往很不奏效。为什么会如此？一些管理学家指出，要是能够学会发问技巧，问比说更有说服力。例如，有些人学过《天问》，在这些问题中，你完全可以看出作者思想的深邃性。若是换到职场，销售人员的发问可能比诉说更显专业性，因为好多问题对方并非一无所知。所以可以通过发问让他深思，他会用自己想出的答案跟你的提问做印证，从而对你更加深信不疑。

下面我们来看发问的方式、法则和技巧。

一、方式

发问可分为开放式与封闭式的问题。前者能引起更多的讨论，后者可快速知道对方的观点或需求。如果你想制造话题可用前者，精准营销可用后者。

二、法则

要懂得设计问题，只讲不发问就不会引导听众进行思考。在交谈的过程中，导入思考模式，其价值就会放大。如果你只是传播知识，作用是有限的。

在设计问题的时候，要预先考虑到对方的反应，所以在问问题时，尽量选择简单易答的问题、必须回答"YES"的问题、二选一的问题等。

三、技巧

懂了发问的方式和法则，但是不懂技巧，依旧很难说服对方。下面我们就来看看，有哪些发问技巧可用。

1. 有问就要有答

生活中，经常有一种人，向人提出问题以后，就不给予解答了。这样的说服方式，想要起到说服的作用会很难。例如，你问一位顾客："这两件商品，你觉得哪个更好？"你的目的很可能是想向他推荐其中的一件。如果不去解答，对方很可能觉得你对产品并非了如指掌，他就很难再跟你进行交谈了。因此必须有问有答。

> 小李来到商场买衣服，在纯棉短袖和速干短袖之间犹豫了很久。
>
> "服务员，你觉得我该选什么布料的短袖？"小李问。
>
> "您好，请问您买短袖是日常穿，还是运动时穿？"服务员问道。
>
> "运动时穿。"小李回答道。
>
> "那我建议您买速干布料的。纯棉的吸汗能力强，但是排汗差，还容易变形。速干的排汗强，还相对结实。"服务员说道。
>
> "是啊，但是速干的有点贵。"小李说。
>
> "也就是贵个几十元钱，但是它更贴身、舒服。洗后还不易变形，穿的时间长，我看比纯棉的划算。"服务员继续说道。
>
> "那我还是买一件速干的吧。"小李说。

小李为什么会在两种短袖之间犹豫，就是因为两种衣服他都体验过，所以一时分辨不出哪个更适合自己。这时他就需要导购用问答的方式帮他解决选择上的问题，导购问的问题能显示出她在推荐方面的经验值很高。当小李说出运动需求后，销售员从性价比上全面分析了两种短袖的优劣，并给顾客以明确指示，就更有说服力。

在说服中，问，有时候能起到掌握方向的作用。要是我们不知道对方的目的，就说很多话，这样不但会做无用功，还会让人厌烦。因此一定要学会正确发问，在了解顾客真正的意图后再给出精准的答案，这样才会更加具有说服力。

2. 发问要委婉

有时候，一些人的发问是质疑，令对方不愿回答。所以发问也要富有感情色彩，才能说服对方说出真实的想法。例如，我们很想弄清楚一件事情的来龙去脉，如果直接问当事人："你为什么要这样做？"或者责问对方："你这么做对自己有什么好处？"你问的没有错，但是对方很难把全部真正的原因都告诉你。我们来看看，如何使用委婉的说法来发问。假如一个公司的负责人做错了一次投资，我们可以这样问他："当下的市场环境如此复杂，是什么让你有勇气做这样的尝试？"这样一问，首先肯定了对方的勇气，而且说出市场复杂的情况，表明你能理解对方犯错的原因，此时对方也许就会给你更多的答案。

3. 能激发对方兴趣

要是我们提的问题不能激发对方的兴趣，很可能会一无所获。例如，一位医生在自己的博客里写"博客不负责看病"。有些人因为你的职务会不分场合地提一些问题，会让人厌烦的。可见，我们要是向他人提出问题就应该按照他的心理需要来设计，这样才能激发对方谈话的兴趣。

> 著名作家余华曾经是个牙医，他曾说过："当作家之前，我认为世上最无聊的'地方'就是人的口腔。"

> 　　一位记者采访他的时候，没有问他为什么选择写作，而是直接问："你觉得电影《活着》还有哪些地方可以改进？"
>
> 　　"就当下人们看片的要求来看，台词还可以改进，也可以添加一些更能衬托主题的音乐元素。例如，电影《霸王别姬》有流传很广的主题曲，但《活着》没有，个人认为是个缺憾。"余华回答道。
>
> 　　"如果《活着》可以再拍摄一版，你觉得当下的歌手谁更适合去唱主题曲？"记者问道。
>
> 　　"我觉得谭维维会比较好。"余华说。
>
> 　　"为什么？"记者问。
>
> 　　"她的音域宽，而且有能力唱出那种苍凉的味道。"余华回答道。
>
> 　　"我也是谭维维的歌迷，很佩服她在音乐方面的实力和魄力。老师喜欢她唱的哪些歌？"记者问道。
>
> 　　"《有故事的人》《乌兰巴托的夜》……"余华回答道。

　　从新闻的角度来讲，记者通过提问得到的东西绝对是独一无二的。因为他直接以余华最有影响力的作品为切入点，但是没有问创作心得这样老旧的问题，而是让作家说同名电影有哪些可以改进的地方。最后两人聊到了音乐，并且有共同喜欢的歌手，可谈论的话题就更多了。

　　在激发兴趣的过程中，我们还有一个原则要牢记，就是要有针对细节发问的能力。即越细致越能让对方觉得你对这个问题感兴趣，而不是想起什么就问什么。

　　4. 发问之前给出理由

　　生活中，我们难免因需要帮助向他人发问，这时我们应该先给别人一个理由。例如，你要晚交几天房租，可以说："房东，我这个月的工资还没有发，我可以晚交几天吗？"房东能在你的理由里听出你的难处，很可能会答应你的要求。如果我们先提出问题，对方若马上说："不行。"你想再说服他的难度要比先说理由难度大很多，因为谁都不愿意言而无信。

可见，在向他人提出问题时，一定不要只想着自己想得到的答案，而是要想一下是否能让对方的心理得到一种满足。若是对方能给予更多的反馈或同意你的要求，你就成功了。

真诚永远是说服他人最根本的武器

我们看文章时，喜欢有真情实感的段落，因为只有这样的文字才能真正地打动我们。与他人沟通也是如此。要是我们缺少真诚，再华丽的语言技巧都等于花言巧语，所以真诚是说服他人的根本。

有人问，该如何体现出真诚呢？就是要做到语言真实、感情真挚、态度坦诚。

一、语言真实

人们常说言为心声，所以大家愿意通过语言去判断一个人是否真诚。例如，某位笑星在小品中说："什么名人啊，就是一个人名。"大家能感受到他的质朴和真实，正是这种真实，他才为人们所喜爱。我们也应该做到让别人听你说话，就能看到你的真心。

北宋著名词人晏殊十四岁就参加了殿试，宋真宗出了一个题目让他回答，晏殊看完题目说："这个题目我以前写过，草稿还在，还是请陛下另出一个题目吧。"

皇上看到他如此真诚，认为他必然是有真才实学的人，就赐予他进士身份。

为官以后，每逢节假日，当其他官员都在外边吃喝玩乐时，晏殊却因家境贫穷，没钱玩乐，只好待在家里看书。

> 宋真宗看晏殊读书如此刻苦，就让他给太子当老师。许多大臣都觉得皇上的选择欠考虑，皇上却说："晏殊勤奋、自律，还年轻，正是太子应该效仿的楷模。"
>
> 晏殊谢恩后说："其实我也很喜欢娱乐，只是手中钱少难以外出，要是我富裕，可能早就吃喝玩乐去了。"宋真宗听见晏殊的话以后，更加认可他的人品了。

可见，真诚的语言对聆听者来说非常重要。言语的说服力，不在于流畅和滔滔不绝，而在于真诚。

二、感情真挚

感情真挚和语言真实是相辅相成的，真挚的情感更能体现出语言的真诚，发自真心的一句话可能会让对方久久不忘。

> 大聪在北京漂泊多年，突然想回沈阳发展。沈阳的兄弟丹枫知道后说："兄弟，你在北京打拼我帮不上你，但是你回老家，兄弟我至少能给你提供一个'安全帽'。"
>
> 大聪来到沈阳，丹枫去火车站接他，说："你回来了，就先住我的书房吧。"
>
> "这不合适。"大聪说。
>
> "我经商总不在家，你给我添点人气，再说总比租别人的房子安全。"丹枫说。
>
> "那就先打扰你了。"大聪说。
>
> "不打扰，这么多年我都没能跟你好好聊聊。"丹枫说。
>
> 到了丹枫家，大聪发现丹枫把被褥都给准备好了。

丹枫对大聪的感情是真挚的，所以言语中没有虚假的成分。例如，很明确地告诉大聪"在外我帮不上你，回家我能保证你的安全"，而且言出必行。这种说话方式好于说："兄弟，有事你说话。"这种话听着很仗义，但是对方知道很难兑现。不如根据现实说话，更让人觉得真实可信。

三、态度坦诚

有时候我们让人觉得不够真诚的原因，就是态度不够坦诚。尤其是肢体语言的疏忽，很容易让人觉得你不可信。例如，歌曲《花房姑娘》中有句歌词"我独自走过你身旁，并没有话要对你讲，我不敢抬头看着你……"。喜欢一个人不说话，又不敢直视，谁能感觉到你的坦诚呢？不仅如此，对待你的客户，也要坦诚。例如，大方地面对对方，并给出你对推荐产品的客观评价及能给对方带来的好处，这样更容易得到对方的信任。

如果我们能用合适的语言表现出诚意，想跟对方建立信任关系并不难，对方也有可能因你的一句话对你好感倍增，这是彼此良好沟通的基石。在交谈中，我们若是离开真诚，说得再好也是华而不实的。慢慢地，别人将离你而去。因此，说服他人要以真诚为核心。

善始善终，精彩结尾四部曲

说起说服他人的步骤，许多人马上会想起那些令人信服的议论文，它们推进的方式大多分为四步：确立观点、摆出论据、严密论证、精彩结尾。我们说服他人的时候也完全可以借鉴这种模式，并巧妙转换。例如，采用提出自己见解、用事实说话、严密论证、精彩结尾的说服程序。

在这个过程中，切记一定要善始善终：善始就是你提出的见解，对方接受的可能性很大，善终就是你的结尾一定要精彩，可调动听众的情绪，让他们响应你。下面我们就来看看，怎样的说服过程才能打动听众。

一、提出自己的见解

我们从谈话的一开始，就要营造一个能让对方说"是"的氛围，而不是给出一个不认同或者不喜欢的说法，然后再去反驳他、游说他。例如，你说："我知道你会反对这件事，但是我还是要说。"则不如说："我知道你是一个愿意研究办法的人，所以才来给你提一些参考意见。"

前者听起来很诚恳，但是不代表对方就能接受你的看法。后者是对对方性格的一种称赞，而且告诉对方，自己给出的不过是参考意见。也就是说，我是来帮你的，而不是左右你的决定。这样对方自然愿意听你说。

二、用事实说话

用事实说话，就是要找到其他事物和你所说事物的相似点，这样不仅能减少长篇大论给对方带来的厌烦，还能起到事半功倍的效果。因为事实会让人更加信服。

李斯听说秦王嬴政要驱逐所有的客卿，于是写了《谏逐客书》，劝说秦王嬴政不可以这样做。

李斯先说，嬴政的祖上秦穆公因为任用了五个来自其他国家的贤士，才吞并了诸多的诸侯国。可见，国家的强大离不开客卿，随后又说大王拥有的和氏璧，佩戴的美玉等物品都不是秦国出产的，但是却能得到大王的喜欢，可见物品不因产地有高下之分。人才也是如此。

李斯提出秦穆公任用客卿的做法和取得的成绩，对秦王就是一种警示，但是说服力还不够。于是他又用秦王喜欢的器物和客卿做对比，证明秦王驱逐客卿是错误的。

这些确切的事实能让你讲的话更有说服力，更能让对方信服。

三、严密论证

我们给出事实以后，对方的思考未必和你所想的一致，所以还需要通过严密的论证让他对利弊一目了然。

我们依旧以《谏逐客书》为例，李斯说完事实以后，说出一句人所皆知的名言"泰山不让土壤，故能成其高大"，并用此句和国家治理做比对，说明一国之君不拒绝来自东南西北的客卿，国家才会无敌于天下。此外，被驱逐的客卿若辅助其他诸侯国，我们相当于借武器给敌人。

李斯用类比和对比的方式论证驱逐客卿的害处，秦王也必然会权衡其中的利弊。

四、精彩结尾

相关专家把精彩结尾的方式归为四步，分别为：前后呼应、表明愿望、感性表达、鞠躬祝福。我们先来看，结尾的引导语。例如，"最后我提醒大家……""最后我祝大家……"。

总结性的引导语一出，听众就知道，这场演讲已经到了尾声。可是随后该说些什么呢？这需要精心设计，我们来看看一些很有针对性的结尾方式。

1. 排比结尾

排比句式的好处就是让你的演讲内容更加有气势。几个同样的句式一出口，演讲人的气势就展示出来了。用排比句式将你的演讲内容做进一步的总结，听众对你的演讲印象会更加深刻。

2. 故事结尾

故事引人入胜，不仅能吸引听众，还能带领听众主动走进你创造的演说世界。

故事，是让听众和你的产品产生链接最好的方法。比起冰冷的数据，人们更倾向于听一个动人的故事。所以在选择用故事做结尾的时候，可以用自己的经历作为背景，写出一个非常好的演讲结尾故事。

3. 结尾和成交挂钩

很多营销员辛辛苦苦做了一场产品发布会，讲得大汗淋漓，最后却没呼吁大家购买产品，那么这场演讲就没有任何意义。

事实证明，如果你不主动去促使听众购买产品，他很可能听完演讲就离开了。

一场演讲需要善始善终，才能让演讲具备整体性，否则就会显得不自然，必然会让演讲的效果大打折扣。

第二部分

公众演说，打造你的超级说服力

1

快乐自信，无敌的公众说服力

公众演说是说服的最佳利器

什么是公众演讲？简单讲，就是一对多地进行公开性的"演"＋"讲"。换句话说，只要不是自言自语，你都是在演讲。

公众演讲是影响力倍增最有效的策略，也是说服的最佳利器。究其原因，是因为它与私下交谈相比有诸多优势。从影响的人数上看，远远超出私下交谈。从说服效果来看，人们在公众场合说的话可能会更加让人信服。这就好比你在家听一位歌手唱歌总感觉他没有在舞台上唱得好一样，那是因为舞台上不仅有主持人调节氛围，还有炫目的灯光、华丽的舞台，挥舞荧光棒的听众，等等，这些都会让你更认同歌手的唱功。再从锻炼个人说服力的角度看，公众演讲能帮你快速提升自信和掌控力，你若能在众人面前从容不迫，说服个人也会更加游刃有余。

有人会说，我又不想成为公众人物，公众演说这样的说服利器对我来说毫无意义。我们先来看几个问题，再来讲讲学会公众演说的好处。你想在短时间内增加财富吗？你想得到别人的投资吗？你想帮助更多的人吗？你想给子女更好的教育吗？相信这些问题中一定有你在乎的东西，要是你能很好地使用公众演讲，它能帮你更快、更好地实现目标。古今中外，那些影响力巨大的人几乎都是公众演讲的高手。

克林顿竞选总统的那年，对手是经历过海湾战争的老布什。当时几乎没有人认为克林顿会成功，然而克林顿就是利用公众演讲获得了广大民众的支持，从而成为美国的第42位总统。下面我们来看他第一次就职演说的部分内容：

同胞们：

今天，我们将共同庆祝美国复兴的奇迹。尽管仪式选择了隆冬时节，但是我们向世界展示的精神面貌，会让春天更早来到我们这个古老的民主国家，并赋予我们重塑美国的勇气。

众所周知，当我们的缔造者向全世界宣布美国独立的时候，他们就知道，美国想要永存就必须改革，但我们不是走形式，而是要实现大家的梦想。例如，自由和幸福。

尽管时代在变化，但是我们的使命是永恒的。每一代美国人都应该知道自己该为国家做些什么。在这里我感谢前总统布什，他为美国服务了半个世纪，同时我也要感谢千百万的人民，他们用信念战胜了经济大萧条和帝国主义。今天，这个世界虽沐浴着自由的阳光，但是依旧受到仇恨和灾难的威胁。此外，我们商业的失败、待遇的不公，还有人民内部的分裂，削弱了国家的经济。今日，我将借助全球性的通信设施向全世界的人民宣布，从今以后，我们美国将在和平竞争的环境中谋求我们的生存和发展。

当下，我们迫切需要解决的问题就是，要让改革成为我们的"朋友"，而不是"敌人"。

克林顿借助公众演说让民众知道他的执政理念，从而能更加拥护他。

在政治上，公众演讲能帮你提高声望。而在商界，公众演讲是很有效的营销手段，因为它能扩大你的品牌知名度。对于资金很少的初创公司来说，你没有钱去打广告或雇用销售人员，但完全可以采用公众演说的方式做推广。尤其是在信息传播迅猛的今天，许多人的成功都离不开品牌营销。例如，马云、比尔·盖茨在创业初期，也经常使用公众演讲的方式进行营销。

在商界，企业家会借助会议进行公众演讲，因为有业内知名人士的助阵，消费者会更加认可你的产品；在学术界，学者会借助文化交流活动进行公众演讲，因为有其他学者的点评和响应，听众会更加认可他的学术能力；在娱乐界，公关团队也会经常借助新闻发布会来造势。此外，公众演讲的内容还会影响到你的团队，进而促使大家积极努力地工作。

当我们学会了公众演讲，就能够把自己最好的一面展示给大家，让人信服和认同。这对从事任何职业的人来说，都会有一定的帮助。

克服舞台恐惧，才能促进说服成功

如果你想成为一个优秀的公众演讲者，就一定要克服舞台恐惧这种现象。否则演讲的时候，不仅会忘词，还会出现喉咙干涩、手心出汗、心跳加速、手发颤等症状，这样听众将很难接受你的演讲。我们想要克服这种恐惧，就要先知道造成恐惧的主观和客观原因，然后才能找出合适的办法。

一、造成舞台恐惧的原因

1. 主观原因：害怕

许多人恐惧舞台的主要原因就是害怕。例如，害怕自己说错词，害怕听众突然的发问会让自己惊慌失措，害怕自己演讲的内容不受大家欢迎，等等。结果缩手缩脚，让听众觉得你缺乏自信。此外，一旦发生了错误，你总想极力纠正，结果却忘了下面的说辞，从而让自己显得更加尴尬。

李军参加中国戏曲学院文学系的考试。其中，口试是根据老师所给纸条上的名词编讲一个故事，故事必须涵盖所有名词。

他所得纸条上的名词是"保姆、小提琴、夏天、男孩"。面对三位监考老师，李军总是担心出错，说出的却是："一个夏天的傍晚，男孩在床边弹起了小提琴。"

"这位同学，小提琴是弹的吗？"一位老师问。

> "很抱歉老师，小提琴是拉的，我只是太紧张才说错的。"李军回答道。
>
> "可以理解，你继续讲吧。"老师说道。
>
> 李军想，我这可是有了一个硬伤，估计是不能过关了。他这样一想就把故事的构思也忘了，只能满怀歉意地看着监考老师。
>
> "你去把下一个考生叫进来。"老师说。

李军可能原本就有舞台恐惧症，这次考试能决定自己的命运，自然会更加紧张。其实，他可以把对错看得淡一些，因为我们就算提笔也会写错字，更何况是口头表达呢。此外，用错了一个动词，其影响并没有那么严重。那么，想要克服这种恐惧，应该先对错误的结果有一个正确的认识，才能减少过重的心理负担。

2.主观原因：自卑

许多人上舞台以后，对自己的身材、相貌或声音条件等感到自卑，总害怕会引起别人的嘲笑。这个时候，你应该找到一个合适的参照对象，才能帮助自己建立自信。例如，马云其貌不扬，但是他在演讲时就很有魅力。你若是想起他，自信和胆量都会大一些。

3.客观原因：首讲

第一次登上舞台的人很难克服恐惧心理，这时候不仅要原谅自己因经验不足造成的错误，还要自我激励。例如，告诉自己所有的不完美，都是为成功在做铺垫。这样你就会有一个相对积极的心态，也可减缓恐怖的情绪。此外，上台前可多次尝试演讲的内容，待熟悉内容后，就能从容对待。

4.客观原因：大讲

所谓大讲就是面对众多的人讲话，许多人都会紧张，尤其是在各个方面没有准备充分的情况下。例如，很难流畅地说出演讲内容；关于一些问题，准备的答案难以说得透彻；衣服不太合体，等等。在大庭广众之下，人们更容易放大你的错误，所以在很多地方都要做好充分的准备。

二、舞台不良症状的应对技巧

1.手部颤抖

应对技巧：抓住遥控器、钢笔、书本或笔记本来稳定自己的双手，千万不要拿激光教鞭（那个红点四处乱窜，会让你的紧张显露无遗）。在演讲时参考笔记是可行的，但不要使用松软的纸张，因为它们会像船帆一样来回摆动。

2.双腿战栗

应对技巧：有本书中写道："演讲时穿宽松的裤子，十分有用。"事实证明，紧身的裤子或裙子会暴露演讲者的紧张感。要是不想如此，可用四处走动来促进血液的循环，帮助消除紧张情绪。

3.汗流浃背

应对技巧：穿上外套，并随身携带一条棉质手绢。有这样一句话："没有人希望看到你额头上的汗自己慢慢滴下来。"所以，擦擦脸没有关系。

4.嘴唇发干

应对技巧：保证手边有一杯水就可以了。有这样一句话："如果觉得有必要，停下来喝一小口，不必感到难为情。"

5.声音颤抖、破音、面红耳赤

应对技巧：如果声音颤抖、破音或面红耳赤，可深呼吸，不仅能让稳定的气流通过声带，从而解决声音颤抖和破音的问题，还能缓解因紧张造成的面红耳赤。

当然，有了以上紧张的表现，我们不能只用掩饰的办法去处理，而是要不断提高自身的专业性。例如，多做跟演讲有关的训练。现在，我们去看看，有哪些练习方法可采用。

三、与演讲有关的训练

1.对着镜子练习

对着镜子练习演讲是十分有效的训练方式。演讲时，自己的一举一动都会影响听众的注意力。通过对着镜子练习，你会注意到自己是否在不断地前后摇摆，是否做出一些不易察觉且无用的细微动作。正是因为有这些让人分心的小动作，可能导致一场演说的失败。因此演讲者在对着镜子练习时，需及时改正。

2. 对着墙壁练习

对着墙壁练习演讲，与对着镜子演讲相比，是完全相反的方案。对着墙壁演讲可以使你的注意力都集中在演说的内容上。刚开始，你可能会觉得这种行为很"傻"，但是对着墙壁演讲有助于弄清哪些内容没有说服力。经过这一反复推敲的过程，你的演讲水平会有大幅度的提高。

3. 对着朋友练习

对着朋友练习演讲，你会感到轻松。而且朋友可以给你提出问题，并且提供诚实坦白的反馈。如果一个朋友不足以提供这个服务，那么就找其他能够做到的人。演讲完毕后，可询问朋友，了解你的演讲中哪部分是最容易懂的，哪部分是最难懂的。

4. 对着陌生人练习

对着陌生人练习演讲也很有用，因为这样可以增加压力，在实际演讲中就更容易克服压力了。演讲完毕后询问一下对方，有哪些不太清楚的地方，或者不太明白的地方。

5. 录音检视

这是一个简单的建议，如果你讨厌从答录机里听到自己的声音，那么你也会讨厌听到自己的演说。录下你的演说并重新进行审定，以此鉴定和改正演说中的漏洞和结巴部分，下次才会有所进步。

6. 排练准备

如果有可能，在正式演讲前的几天，到你的演讲地点进行排练。要准确认真地练习演讲，假装下面有听众，有需要时应使用麦克风。如果你的演讲要穿着正式的衣服，那排练时就不要穿短裤，尽量把排练做得逼真点。在正式发表演讲前，把排练做得越逼真，到真正演讲那天你就会觉得越简单。

只有熟练，才能生巧。在不同情况下，使用不同的方法练习演讲会让你在公共场合进行演讲时感到更轻松，而且能减轻焦虑感。虽然自己私下练习演讲常会觉得无趣，但是为了更好地传递信息，进行练习是非常值得的。每练习一次演讲，你就会发现自己的表达水平有了很大的进步。

说服公众的三板斧：信、讲、演

说服公众的三板斧为：信、讲、演。"信"包括两层含义：一是内心要自信，二是你表现出的状态要能够让人信服。"讲"是指你讲的内容和逻辑结构。"演"是指你展示给大家的形式。下面我们就详细说说这三点的要求。

一、信：自信从容完全展示自我

演讲本身是一种能量的传递，演讲者是能量的聚集体，讲台是为自信而充满能量的人准备的。听众喜欢的是声音饱满、态度鲜明、拥有个人化传奇故事的演讲者。如果你能在演讲中有一个完美的状态，如果你的演讲内容足够吸引人，那么何愁演讲不成功！

有自信才有激情：自信的人，不管在什么场合，他都是淡定从容的。而一个自信的演讲者，在舞台上更是能将自己的自信淋漓尽致地展现给听众。演讲台不该是一个表达谦虚的地方，在舞台上故作谦虚，反而会削弱你的权威性和专业度。

当你站在舞台上的那一刻，你就是最权威的存在。哪怕台下有人在质疑你的产品或内容，也要暂时忽略掉这些声音，要无条件地相信自己，让自信的状态一直持续到演讲结束。

演讲者站在舞台上，用自己的声音传递信念，这是一件非常伟大的事情。你是一个给予者而不是索取者，你的演讲对大家有帮助，只有意识到这些，你才会从内心油然生出一种自豪感和使命感，那些所谓的恐惧和不自信，都是过眼云烟。

提升自信的方法有：

1. 在演讲之前进行心理调控

很多人在演讲的过程中，之所以不自信，其中一个原因就是因为对演说太恐惧。要克服这种胆怯的心理，首先就要告诉自己，听众是来看演说的，不是来看自己出丑的，只要自己发挥好，演讲就不至于太差。要在心里暗示自己，不要那么紧张，这样状态就能恢复很多。

2. 多进行深呼吸和自我鼓励

很多人在演讲时不自信，并不是因为舞台或者听众，而是因为自己。因为自己过分追求完美，害怕不完美的自己在舞台上出现纰漏，这种害怕直接变成了自卑，连上台都不敢了。

3. 害怕与听众直接对视，可以选择用虚眼

演讲中要双向交流，但是如果你不习惯与陌生人眼神对视，可以选择在听众席上找一个焦点，然后把它当成真实的，进而微笑地注视这个点。这样的方法能让你缓解和真人对视的紧张感和压迫感。

二、讲：内容有益且逻辑结构清晰

讲是公众演讲的核心。我们在台上就算精神抖擞，讲不出对听众有帮助的内容也很难形成说服力。

此外，我们有好的内容，更要有好的逻辑和结构去阐述。例如，说话时要注意有主有次，重要的事情可反复阐述，但是不要超过三遍。

有一次，著名作曲家李海鹰去广州音乐学院演讲，有位学生问："李老师，你怎么看待当下年轻人所倡导的时尚？"

"当下年轻人所谓的时尚是指豪车、精美的服饰或一首传唱度很高的流行歌曲。我只能说，这叫潮流，不叫时尚。尚字的含义颇多，例如，高尚、高品位、领先。此外，对于时尚，不同的人有不同的看法。例如，素食主义者认为朴素很时尚；喜欢传统文化的人，认为中国风很时尚，可见时尚并不是吸引眼球和有热度。"李老师说道。

> "李老师，那您认为什么不算时尚？"学生又问道。
>
> "我的一些学生喜欢英伦范的服装，但是英语却很差，我就觉得不够时尚，因为全球一体化，很多人都在学英语。"李老师说道。

李海鹰教授所讲的内容和阐述的方式可以称为讲得好。从内容上讲，新颖，且有文化底蕴；从阐述方式上看，罗列的事例跟当下许多人对时尚的定义做了很好的比对。回答什么不算时尚的问题时，不仅回归了教师的身份，还用英语热这个话题告诉学生们应该加强对英语的学习。

可见，演讲者挑选的内容应该对听众有益，要想做到这一点，他在准备内容的时候，就要多问自己几个问题：

演讲的目的是什么？要实现什么样的目标？比如，传递一个怎样的观点，表达一种怎样的价值主张，或实现现场的产品直接销售多少量。

给什么人来讲？在哪里讲？有多少人来听？

听众想听的内容是什么？我的演讲给听众带来的好处是什么？他们可以获得什么样的价值或利益？

如何表达才能有更好的效果，才能达成目标？

在讲的过程中，呈现出的逻辑结构是金字塔原理结构。例如，采用总分总的关系。此外，罗列的事件不宜太多，以免让听众觉得啰唆。

三、演：表演展示形式得体大方

演讲是一门语言艺术，它的主要形式是"讲"，即运用有声语言并追求言辞的表现力和声音的感染力。同时还要辅之以"演"，运用面部表情、手势动作、身体姿态乃至一切可以理解的体态语言，使讲话更为"艺术化"，从而产生一种特殊的舞台魅力。

演，主要是指你展示给大家的形式，相当于如何呈现才能让听众理解你想表达的意思，并且能够让听众感觉到有价值。接下来，就公众演讲的呈现技巧展开论述。

1. 姿势

演讲者在舞台上的姿势是成败的关键。即要让身体放松，不能过度紧张，太紧张不但影响发挥，而且语言的表达也会背道而驰。

通常演讲的时候，演讲者都是站立于讲台上，所以在站姿上一般是张开双脚使其与肩同宽，重心平稳，头正身直，行走 T 字路线。为了缓解演讲者紧张的情绪，可以将一只手稍微插入口袋中，或者触桌边，或者手握麦克风、喝水等。

2. 视线

在大众面前说话时，演讲者必须忍受众目睽睽的注视。当然，并非每位听众都会对你报以善意的眼光。尽管如此，你还是不能漠视听众的眼光。尤其当你站在大庭广众面前的一瞬间，来自听众的视线有时甚至会让你觉得紧张。

克服这股视线压力的秘诀，就是一面进行演讲，一面从听众当中找寻对自己投以善意而温柔眼光的、充满笑意的听众，使用"单人控场法"即注视一个人，并且无视那些冷漠的眼光。

3. 面部表情

演讲者如何使自己的面部表情给听众留下极其深刻的印象呢？紧张、喜悦、焦虑等情绪会毫无保留地表露在脸上，这是很难由本人的意愿来控制的。内容即使再精彩，如果表情缺乏自信，演说就失去了应有的风采。

在演讲时，演讲者要注意不能低头，人一旦低头就会显得没有自信，倘若视线不能与听众接触，就难以吸引听众的注意。因此可以采取缓慢讲述的方式来稳定情绪，同时脸部表情也得以放松，全身上下也能泰然自若起来。

4. 服饰与发型

服装也会给听众留下深刻印象。有些人总是喜欢穿灰色或蓝色的服饰，难免给人过于刻板无趣的印象。如果是轻松的场合，演讲者的穿着不妨稍微花俏一点；如果是正式的场合，仍以深色西服为主。其次，发型也可以带来意想不到的效果。总之，整体形象对演讲本身也会起到推波助澜的功效。

5. 声音与腔调

演讲者的语言必须做到发音准确、清晰、优美，词句流利、流畅、传神，语调贴切、自然、动情。

演说对声音的要求很高，既要能准确地表达出丰富多彩的思想感情，又要悦耳动听。所以，演讲者必须认真对待自己的声音并进行揣摩，努力使自己的声音达到最佳效果。

一般来说，演讲中最佳的声音状态有以下四个特点：

（1）准确清晰，即吐字正确清楚，语气得当，节奏自然；

（2）清亮圆润，即声音洪亮清晰，铿锵有力，悦耳动听；

（3）富于变化，即区分轻重缓急，抑扬顿挫，随感情起伏而变化；

（4）有感染力，即声音有磁性，能吸引听众，引起共鸣。

6. 语调、语速与语气

语调是口语表达的重要手段，它能很好地辅助语言表情达意。同样一句话，由于语调轻重、高低长短、轻重缓急等不同变化，在不同的语境里，可以表达出不同的思想感情。

一般来讲，表达坚定、果敢、豪迈、愤怒，语气急速，声音较重；表达幸福、温暖、体贴、欣慰，语气舒缓，声音较轻；表示优雅、庄重、满足，语调前后弱、中间强。只有这样，演讲者才能绘声绘色，声情并茂。

语调的选择和运用，必须契合演说内容，符合语言环境，考虑现场效果。因此在问问题的时候，可以使用上扬语调，发指令则用下降语调，声明则是平行的语调。大音量运用在遇到重点、关键，着重强调的观点时；小音量运用于表述悲伤与哀戚的情绪时；高音量可用于惊讶、疑问、快乐的情绪时；低音量则在沉重、压抑、回忆时使用；通常在叙述讲话时使用平和的音量即可。

语调贴切、自然是演讲者思想感情在语言上的自然流露。所以，演讲者恰当地运用语调，事先必须准确地掌握演说内容和情感基调，这对整场演讲的效果会起关键的作用。

语速是指演讲者在讲话时的速度。人们平时讲话的语速为：150字左右／分钟；开会时的语速为：180字左右／分钟；新闻播音的语速为：220~250字左右／分钟；讲师语速为：300字左右／分钟；大脑思考速度为：500~600字左右／分钟。

语气所展示的是话语的抑扬顿挫、逻辑重低音、停顿有序等方面，这在用语的技巧上，主要呈现为：吸引，高量停止；明晰，减速重音；强化，重音高音；激动，加速高音；感动，低音减速。如果要在现场烘托出气氛，可以使用排比句，用拖长音或短促音进行；要展示权威，可以使用类推法；启迪思维，可以用疑问句；要让听众深入思考，可以多使用一些联想词语。

气息是声音的原动力，科学地运用运气发音方法可以使演讲者的声音更加甜美、清亮、持久、有力。要达到这个目的，演讲者平时要加强训练，掌握胸腹联合呼吸法，并持续练声和练气。"锲而不舍金可镂，水滴石穿贵有恒。"如果能坚持不懈地练习，你的声音能够助你成为让人欣赏和喜欢的超级演说家。

语速训练的七个"五倍训练法"：

（1）嘴巴张大五倍；

（2）声音放大五倍；

（3）情绪投入五倍；

（4）力量使出五倍；

（5）身体扩张五倍；

（6）速度加快五倍；

（7）凡事主动五倍。

在万达集团和阿里巴巴的年会上，我们发现王健林、马云讲话时的表情、动作都属于"演"。除此，他们还唱歌。例如，王健林在年会上唱《假行僧》，被人拍成视频在网络上疯传，帮万达吸引了大量"粉丝"。

想要说服公众，在信、讲、演三者上都要有所提高，同时还要了解听众的喜好，这样才能在演讲的过程中跟听众更好地互动，不仅能说服听众，还能得到更多的反馈。

重复、记录、回应，让你的公众说服力快速成长

公众演讲中的重复、记录和回应是指，我们要吸取其他演讲师的优点，并加以练习。对他人演讲的重点内容和观点，要做好记录，同时在听讲的过程中，要有所回馈。

重复的目的就像学习美术时的临摹，对于演讲来说，要找到优秀的演讲老师，不断学习他的演讲技巧，必然要强于自己的盲目练习。演讲的发展轨迹是先保证发音的标准，再是语言的流畅，此后加入自己的思想，形成专属于自己的风格。

德摩斯梯尼是古希腊雅典著名的演说家，但是他患有先天性口吃，不但说话声音小，并且说话时有耸肩的坏习惯。就他的先天条件来看，能成为一名演说家堪称奇迹。尤其是在当时的雅典，人们要求演说家必须具备声音清晰、噪音洪亮、身姿优美、思辨力强的条件。德摩斯梯尼为了成为一位杰出的政治演说家，所做的努力超出常人的想象。他最初的演说吐字不清，论证无力，多次被听众轰下讲坛。为了改掉这些毛病，他抄写了8遍《伯罗奔尼撒战争史》；虚心向演员请教发音的方法；为了改进声音小和含糊不清的问题，他口含石子大声朗读；为了改掉气短的毛病，他爬山锻炼气息；为了克服耸肩的习惯，他在左右肩上各悬一把宝剑。据说他把口含石子的练习方法保持了近50年，最后成为让人佩服的演说家。

　　许多人都知道重复是进步的捷径，但是不知道该选择演讲的哪些方面去重复，更不知道重复的办法和目的。德摩斯梯尼的例子对我们来说很有借鉴意义，很多人会重复公众演讲的技巧，但是忽略了演讲的内容，这属于舍本逐末。德摩斯梯尼的理想是成为一名政治演说家，于是他抄写了8遍《伯罗奔尼撒战争史》，这对解决辩论中辩证无力的缺点非常有帮助；为了学发音技巧，他向演员学习，说明他选择的老师很正确；同时口含石子矫正发音不清的毛病，并以利剑克制耸肩的习惯，可谓在演讲上做得面面俱到。

　　有人说："我也能像他这样刻苦，但是很难忍受一次次地被轰下讲台。"这是不行的。众所周知，提升公众说服力最好的办法就是当众演讲，因此重复还离不开跌倒爬起的勇气。

　　此外，我们重复的时候要有这样一种理念——简单的事情重复做，重复的事情认真做，你就能成为专家。因为只有无数次地重复，你才能找到最适合自己的演讲方式，才能做到挥洒自如。

　　记录的主要目的，是有选择性地重复。例如，一首精美的诗歌有诗眼句，那就是我们应该牢记的地方。如果把它用在演讲中，可以提升演讲的吸引力和说服力。

　　说起回应，大家可能会想到读书时，老师问："同学们，你们认为是这样吗？"同学们大声回答："是的。"其实有一些同学只是被动回答。这个在公众演讲中不叫回应，回应由认可和质疑两部分组成。当我们对演讲者的演讲内容有所质疑时，就要大胆提出疑问。此后你才能学到他应对问题的办法，从而让自己的说服力得到更充分的提高。

　　重复、记录、回应可以简称为学问，想要致力于公众演讲的人要通过学习、练习、提出疑问让自己的演讲技巧得到提高，你的说服力才能快速成长。

寻找榜样，让榜样带动说服力的提升

人们学习唱歌、绘画、书法都要找个好的榜样，想要提高自己的说服力也应该找榜样。可究竟跟什么样的人学才好呢？要怎么学才能进步神速呢？这是让许多人困扰的问题。其实我们完全可以借鉴学书法的方法。例如，跟最喜欢的人学，选择大家公认的演说家学，选能纠正自己毛病的演说家学，不同的阶段有不同的追求。下面我们就来看看这种学习方法的好处。

一、跟喜欢的人学

我们跟喜欢的人学，就好比写字时选择喜欢的字帖，因为性之所近，学习起来才会倍感亲切有趣，理解也更容易，对塑造个人风格很有帮助。但是在学习的过程中，有些人的兴趣会变化。例如，以前说话喜欢开门见山，现在却喜欢委婉幽默，这在学习的过程中都是很正常的事情。学习就应该学各家之所长，才能推陈出新。但是，我们必须要处理好一对矛盾体："侧重一家"和"博采众长"。侧重一家也不是不能更换，博采众长也不是经常更换。我们应该先把一位演说家的本事学精，然后再跟其他演说家做对比。此时你才能发现哪种演说方式更好，更适合自己。

二、选择大家公认的演说家学

公认的演说家，他的演说技巧已经经过了大家的分析和总结，我们掌握起来相对容易些，而且能够获得更多人的认可。

> 第二次世界大战期间，一支英军被德军困在一个山谷中，将士们都垂头丧气。首相丘吉尔认为自己很有必要给将士来一次公众演说，但是他没有让将士集合，而是站在两排军营的中间，大声说了三遍："永不放弃！"将士们纷纷回应，因此将士们的士气也得到了极大的提升。

有人认为说服他人需要雄辩，其实大家通过审时度势，完全可以以少胜多。丘吉尔就是如此，他知道当下英军已经到了绝望的边缘，讲策略以及过多的鼓励都不会有用，反而不如到军营中间高喊："永不放弃！"大家看到首相和自己并肩作战，必然士气大振。

在公众演讲中，如果你的演说已经产生了强大的说服力，就应该学着适可而止。我们不仅要学演说家的技法，更要学习他的智慧，才能借助榜样的力量让自己的说服力大幅度提升。

三、选能纠正自己毛病的演说家学

有些人在对榜样的选择上有误区，认为自己喜欢的才能被称为榜样，所以很难有全面的提高，进而无法兼顾更多的听众。

在演讲舞台上，演讲者要掌握"度"。如果热情过度，很可能让人觉得你举止轻浮；太过沉稳又会让现场气氛变得沉闷。所以热情者应该向沉稳者学习，而沉稳者也要增加一些活泼、有趣的东西，才能逐渐成为一个优秀的演说家。

四、不同阶段有不同的追求

我们跟他人学习演讲技巧，到底应该学到什么程度？有人说应该一模一样，也有人说应该神似，其实说得都对。我们在学习的初级阶段，应该遵循一模一样的要求，但是随着时间的推进，就该有属于自己的东西了。

学习他人是为了克服自身的不足，但想拥有个人魅力，做别人的影子是不行的。等到我们各方面技巧都熟练后，就可以追求个人风格了。切记，不可一起步就想拥有自己的特色，结果不是冷场就是被人嘲笑。

要想提高说服力必须有榜样的带动，但是选榜样时要动脑。而且向榜样学习时，不仅要动脑，还要勤于动口，这样在说服力上才会有长足的进步。

放大自己的优点，让公众尽情地"崇拜"你吧

生活中，有两种人很难在演讲中放大自己的优点。一种人总说："我什么也不会，不适合当众讲话。"另一种人总觉得自身条件还不足以登台。面对这样的情况，他们应该改变的是对自己和舞台的看法。

一位演说家说："这世上怎么可能会有一无是处的人，有的只是自我怀疑的人。"我们可以回想一下那些总说自己无能的人，他们只是没有找到一个可以放大自己优点的平台而已。再从舞台的角度来看，歌手有高音、中音之分，但高音歌手并没有因为歌声高亢就比中音歌手受欢迎。

可见，我们要想在演讲中受听众欢迎，就要学会发扬自己的优点，但是，前提是要有善于发现自身长处的眼睛。

> 一个青年找到父亲的朋友，说："叔叔，您能帮我安排一份工作吗？"
>
> "你会音乐和美术吗？"叔叔问道。
>
> "不会。"青年回答道。
>
> "有什么技术特长吗？"叔叔又问道。
>
> "没有。"青年回答道。
>
> "那我只能帮你找服务员一类的工作了。"叔叔说道。
>
> "谢谢，只要是一份能吃饱饭的工作就好。"青年说道。
>
> "把你的住址给我，我一找到，马上通知你。"叔叔说道。
>
> 青年写下住址并递过去。
>
> "孩子，你的字写得很漂亮，不应该满足于一份糊口的工作。我建议你尝试写作，一定会成功的。"
>
> 于是年轻人开始投稿，多年以后，他成了举世闻名的大作家，他就是大仲马。

一个人想要成功就要学会扬长避短，大仲马就是这么做的，但是他的优点是被别人发现的，若是靠自己的眼光，很可能会埋没才华。所以，我们要善于发现自己的优点。例如，你具备漂亮、身材好、睿智、幽默、语出惊人等条件中的任意一个，都可以在舞台上放大这个优点，并形成自己独特的魅力。

下面，我们来看看他人放大自己优点的方法。

> 唐代大诗人陈子昂年轻时，只是一名小有名气的诗人。有一天，他在城墙上贴了一个告示，说自己要开演唱会，并写下日期和详细地址。
>
> 许多人出于好奇来看陈子昂的演唱会，只见他举起琴重重地摔在地上，并大声说道："我只是一个诗人，哪会唱什么歌。大家既然来了，就听听我的诗作吧。"
>
> 唐朝时期，诗歌很受人们欢迎。因此陈子昂此举竟让自己名声大噪。

陈子昂了解自己的优点，也了解人们的兴趣，所以他采用一种令人意想不到的方式来展示自己的才华。我们在公众演讲的舞台上，也可以根据听众的喜好来展示自己的才华。例如，歌手莫文蔚被歌迷称为"长腿女王"，她很愿意在台上穿时下最流行的裤裙，展示她腿部的魅力。

千万不要说自己没有优点，但发现优点后，必须结合公众的喜好来审视自己优点的价值，然后在舞台上放大这个优点，可能会得到意想不到的收获。

第二章

公众说服的六大黄金步骤

身份：我是谁

生活中，每个人都有多重身份。例如，老板、父亲、同学、晚辈等。在以不同的身份面对他人的时候，你不能采用同一种风格的语言，否则对方不会接受。在公众演讲中也是同一个道理，我们针对不同的人要用不同的说话方式，还要根据场合的不同做好身份转变，才能说服他人。

如果我们是一个老板，在年终总结会上，就应该总结过去，展望未来，让员工看到公司的发展前景，从而使其更加努力地工作。若是换成路演，你就要采用推销员的风格，态度亲和地向听众介绍产品的特点、改进的计划等。这种身份转换相对容易。若是让你在家长会上发言，可能会比较难。因为，你跟其他家长没有任何利益关系，所以说话时就需要采用平易近人的态度。而在一些娱乐活动中发言，可能更难。你需要把自己的身份定义为一个参与者或者"演员"，这样才能和大家说到一起。下面，我们就来看看如何确定自己的身份。

> 韩东是一家服装公司的老板，工作不忙的时候，会带领一些男员工一起踢足球。有一次，他们以8:1的战绩获胜，韩东非常高兴，请大家吃饭。
>
> 酒桌上，韩东喝得比较多，跟下属说："你说我平时对你们怎么样啊？"
>
> "东哥对我们太好了。"下属说道。
>
> "要不是看在你们跟我的关系好，我也不能让你们的媳妇干销售，可是就她们的业绩，全都应该被开除。"韩东说道。
>
> "谢谢东哥包容，我回去跟媳妇说，让她努力工作。"下属阿威说。

> "关键是嘴甜点，别对待客人像教育你似的。"韩东对阿威说。
>
> 其他下属忍不住笑了出来。
>
> 阿威回家以后，跟媳妇说："我们老板说是给我面子，才没开除你，你的工作到底是怎么干的？"
>
> "就老板给的那点钱，我要不冲着你的面子都不能给他干，你还好意思问我。"
>
> 不久以后，阿威的媳妇辞职了，并开了一家饭馆。

本来大家踢完球很开心，可以聊一些足球技术、喜欢的球星等。此时，韩东应该把自己当作大家的队友，参与讨论，而不是老板，更不应该提起工作上的事，以求得到员工的感激。因为总是把自己当老板，这样将很难给员工亲切感。若是还说一些讽刺员工的话，久而久之，便会与员工离心离德。

可见，我们在演讲时转换身份有多重要。除此之外，我们还要有一个意识：你身边的人，身份也不是固定不变的。所以我们必须时刻摆正自己的位置，说的话才会中听。

至于该怎么改变身份，著名作家福楼拜说："如果你想写一名勇士，就算你性格懦弱，也不要在文笔上流露出一丝胆怯。"也就是说，有些转变我们可能不适应，但是为了一些目的，我们应该好好去"演"。

> 剧作家纽曼20岁时就挣到了1万多美金，这对当时的他来说，无疑是笔巨款。为了让这笔钱产生效益，他接受悲剧演员马克的建议去炒股，但是这些股票在经济危机的时候，全都变成了废纸。
>
> 有一次，他接受电视采访，记者提及他的这段经历。他本来想说："那真是我的噩梦。"但是转念一想，我现在是个剧作家，面对公众应该说一些幽默的语言，于是他说："我当时只把马克当兄弟，却忘了他是一个悲剧演员，谢谢他打碎了我的美梦，我才会用戏剧造梦。"

听众听到纽曼的话以后，都认为他是一个豁达乐观的人，更加喜欢他写的剧本。试想，他要是把自己的身份设定为一个失败透顶的投资者，就可能说出埋怨的话，必然会影响自己的公众形象。

演讲时只有确定身份，才能改变态度和演讲时的内容，所以它是演讲步骤中的重要一环。我们必须做好这个开头，说服才能很好地展开。

缘由：我今天为什么站在这里

许多优秀的公司很少开例会，是因为觉得例会没有意义，或者认为意义不大的例会对员工来说相当于一种干扰，有人必然会说这样做就是小题大做。有人会问，怎样的演讲可以说意义不大？例如，有些公司宣传产品性能也利用演讲的方式，其实这和使用产品说明书起到的效果差别不大。因此，我们要用演讲追求更高的价值。这个价值就是你演讲的主题，可以帮你更快地实现目标。

反观苹果、阿里巴巴等知名公司的新闻发布会，演讲者不仅能够宣传产品，还可以实现表达观点、自我宣传、经营口碑、吸引"粉丝"等目的，并且无须投入过高的成本。当我们想出越多的缘由，演讲的设计才会越精细，更有利于实现我们的目的。

> 著名企业家董明珠在员工表彰大会上说："今天我们格力能够享有全球声誉，并不是我一个人的功劳，而是因为我有一个严格要求自己而且无私奉献的团队。
>
> 我最初到格力当业务员的时候，格力只是一个资金4000万的公司，而且财务上有很多收不回来的款项。有一次，我为了追回一个40万的欠款，在欠账人的公司堵了他40多天。许多同事都说，那也

不是你个人的钱，何必如此较劲呢？但是我觉得既然进入一家公司，就应该为它负责。后来我被提升为董事长，深知要对公司有更大的帮助，就要用严明的制度来约束员工的行为。

曾经，有些员工得到用户的好处，就给用户提前发货，我严惩了这种行为。此外，在工作期间吃东西，交头接耳的行为都会被罚款。有一次，我当众罚了一个后勤人员100元，可是私下又还给他了，还告诉他：还你钱并不是认为你没错，而是知道你工资不高，怕影响你的生活。

对于管理层，我的要求也很严格。以前员工的意见箱都挂在总经理办公室，员工不敢投诉，后来意见箱被挂在走廊、厕所的角落里，员工则敢表达心中对公司的不满。我就按照员工的诉求改善管理层，所以今天我可以骄傲地宣称，我们格力的资金已经高达1000亿，相信在大家的共同努力下，我们一定还会实现更大的突破。谢谢大家！"

董明珠作为格力的董事长必然要发言，但是只说一些套话，很难实现员工表彰大会的意义。表彰大会的主要目的是借助表彰优秀员工，激励大家共同进步，但是优秀员工的品质需要靠演讲来传达，能够给大家带来的好处也需要用演讲来传达。例如，升职、加薪等。阐述公司业绩和管理者的管理理念可提升公司的凝聚力。正是因为这些缘由，董明珠发表了很有内容的一番演讲。

我们在演讲之前，也应该多问自己几个"为什么"这样，此后你的演讲才可能更符合聆听者的要求，从而让演讲产生更好的效果。

内容：我要讲什么

在演讲中，许多人的身份和缘由都确定得很好，但是演讲还是失败了。最主要的原因很可能就是内容准备得不好，这种不好通常表现为两方面：一是阐述的问题和场合不匹配，二是所讲的内容不符合听众的兴趣。

例如，在年终总结大会上，演讲者不必一再强调公司的规章制度，因为这样的内容更适合岗前培训，而应该总结过去的成果，然后对公司未来的发展做一些展望。要是路演，就应该着重讲述产品的功能，以及可合作的项目，而不是公司的奋斗目标。当然，影响听众不喜欢听的因素有很多种，我们来说几个最主要的。

一、干货

所谓干货，就是语言要对他人有用，而且干练。形式主义很难有干货，所讲内容不符合听众的预期，就算是干货也没有用。例如，很多公司的老板只对公司做一年的展望，而不是讲近期的目标。从市场大环境的多变性来讲，许多员工不相信太远的目标；从员工的心理上来说，人们更在乎既得利益，所以展望不宜过远。

但是不能因为短而过于简短。简短跟干练不是一个概念，干练是指语言不啰唆，但是步骤可以精细化，在展望中越是精细、干练，会让听众更加相信你演讲内容的可行性，才会一直被你的演讲所吸引。

二、适合的表达形式

所谓适合的表达形式，就是用听众容易接受的方式来进行表达。比如，讲故事、展示才艺等。例如，演员徐静蕾被业内称为才女，在一次新闻发布会上，她展示了自己的书法作品，这样的表现方式比演讲更加具备吸引力和说服力。可见，适合的表现方式更能提高演讲内容的可信度。

三、利用道具

俗话说"手巧不如工具妙"，我们让演讲实现最佳的效果也有必要借助于道具。尤其是在产品推销会上，道具能更好地说明产品的价值。例如，LG彩电在阐述网络电视对传统电视的冲击力时，借助投影向听众进行展示，比用语言描述更能让听众深信不疑。

四、利于听众接受

有些演讲者在公众演讲中愿意采用专业术语，有些听众并不理解，故接受起来十分困难。还有一些人愿意炫耀自己知识渊博，把简单的话语复杂化，或者本来是人尽皆知的东西，非要用他人没听过的名词去解释。

宋代的欧阳修提倡写作要通俗易懂，可当时的一些文人却爱用冷僻字眼来显示博学多才。例如，宋祁编修《新唐书》，描写"迅雷不及掩耳"，竟然写成"震霆无暇掩聪"。欧阳修看见后，因对方年长自己20岁，不便直说，只能摇头苦笑。

宋祁的话听起来生涩、拗口，要是用来演讲，必然不利于听众接受。他人若不接受，这样的内容则毫无意义。此外，语言不要啰唆，否则观众也会厌烦。

当下，人们常说"质量为王"，这句话在演讲中十分适用。我们在想好讲什么的时候，还应想好如何去表达内容，才能把演讲更完美地呈现给听众。

好处：我要讲的对你有什么好处

演讲者在向听众阐述好处的时候，首先要了解听众的心理。因为听众是演讲活动中不可缺少的有机组成部分，没有听众就无所谓演讲。听众在整个演讲活动中是活跃的、积极的因素，不能把听众视为被动的信息接收者。

听众在接受信息时，要对演讲者传达的信息进行过滤、筛选，在选择中要有所取舍，有所改变，然后形成新的信息。任何听众对演讲者传递的信息，都不会是全盘接受，总是有所取有所不取，甚至持有异议。

演讲者的演讲内容要考虑听众的需要，同时要了解、研究听众的心理，使演讲的内容与听众更加接近和相融。

听众在听演讲时，他们的心理活动表现在如下几个方面：

一、希望听到解决疑难问题的知识、态度和方法

听众听演讲，希望获得与自己息息相关的知识或信息。在生活、工作、学习中遇到的问题，听众希望能在听演讲的过程中得到解答，因此演讲者就要把听众最关心的事情写进演讲稿。例如，你向听众阐述家庭理财的问题时，详说固定收入和流动收入的合理配比，大家一定喜欢听。因为许多家庭因为资产分配不合理，给其生活带来了一系列困难。

二、希望能有感情上的共鸣

听众对于演讲者所阐述的观点、结论，希望能使自己的某些看法或结论得到首肯或印证。

演讲时，演讲者要接受听众从各自的立场对演讲的反应做出诚恳的评价，肯定听众的想法，赞扬他们提出不同的意见，摸清与听众的共同点，来进行思想感情上的交流。

不能轻易地用"不"来否定听众的看法，否则很难产生情感上的共鸣。

三、希望自身受到尊重

良好沟通的前提是彼此互相尊重。听众希望演讲者尊重自己，如果感受不到尊重就会产生反感。

为此，演讲者要平等待人，不要自以为是；同时要以诚待人，谦虚谨慎。要多微笑、多点头、多眼神交流、多互动。演讲者在准备写演讲稿时，能掌握听众的上述心理特点，就会收到意想不到的效果。

四、急于听到最在乎的内容

演讲者如果不知道听众最在乎的内容是什么，听众可能很快就会离开。为此，我们一定要站在对方的角度去思考问题，这样吸引对方则相对容易些。

集市上，一位老者大声叫卖："上好的铁锅，纯手工打造，不生锈，不粘锅，价格公道。"

"大哥，多少钱一口锅？"一位中年妇女问。

"你先看看质量，否则多少钱对你来说都没意义。"老者说道。

"这结实程度像苏泊尔一样。"中年妇女说道。

"品质也不比它差，我给你示范一下。"老者拿出青菜当众演示。

"到底多少钱？"妇女问。

"119 元。"老者回答道。

"我先去前边买点东西，一会回来再说。"

妇女在前面买点东西，然后从另一个出口离开集市。

案例中的妇女最关心的是产品价格，可是老者就是不说。后来的报价跟苏泊尔差不多，一下就打消了顾客购买的念头。大多数人买东西最重视的就是价格，因此要先讲明白，至于质量问题可以放在讨价还价的环节来进行讨论，才更具说服力。

五、希望了解产品的独特性

有一篇文章提到，20 世纪哪怕是一个平庸的产品，也可以卖出去，而现在的产品必须追求卓越，否则等于浪费。也就是说，产品自身必须要有独特性，才能得到更多人的认可，因此我们可以通过演讲来表达它的独特性。例如，马云说，"我只做电子商务。在跨界频繁的今天，人们会认为阿里系的产品更加专业，不可代替。"

无论何时何地，人们都青睐对自己有益的产品。所以我们在演讲的时候一定要把产品的好处作为演讲的重点，并巧妙安排阐述的顺序，这样一定能快速说服听众。

证明：我用什么来证明我讲的是真的

我们在演讲过程中，难免会有听众质疑我们说出的好处或道理，此时，就需要去证明言论的真实性。常见的证明方法有事例、图表、照片、视频、现身说法。现在我们就分别看看这些方法的作用。

一、事例

有时候我们说出很多道理，都不如一件贴切的事例有说服力。例如，诗歌《题西林壁》中写道："不识庐山真面目，只缘身在此山中。"阐述的道理是，我们若是想看清一件事物的真实面目，就应该超然物外。通过事例讲述道理，更有利于他人理解和相信。

二、图表

在许多产品推销会上，演讲者愿意用图表来展示自己产品的优越性和发展前景。有一年，华晨宝马公司用图表展示了国产车、美国车、日本车在我国销售的比例，听众发现国产车的销售已经占有很大的比重了。这从侧面说明了国产车的市场有了长足的进步，这就远比口头描述更有说服力。

三、照片

如今我们走在街头，总会遇到一些营养顾问向你推销精美的食物，同时展示一个使用者服用前和服用后的对比照。这种方法如果运用得好，可产生极大的说服力。例如，某健身俱乐部在推广文案中展示出影星彭于晏减肥前后的照片，然后在下面标注"其实你也可以这样"，此举势必会赢得很多用户的关注和信任。

四、视频

视频不仅有声音和图片做证明，而且有些话语是针对听众而来的，所以拥有很高的可信度。尤其是所介绍的人物和产品不在场的情况下，可让许多人觉得你是真诚的。

> 一家俱乐部要举办店庆，很早就在宣传栏里贴出了演出嘉宾的海报，有歌星迪克牛仔，笑星宋小宝、贾玲等。可是到了演出的时候，迪克牛仔因为台湾大雾，飞机无法起飞而不能前来。
>
> 主持人向听众们展示了迪克牛仔传来的视频，视频中，迪克牛仔穿着风衣站在浓雾弥漫的机场前，说："面对大家的等待，我们只能说声抱歉，但愿以后能有机会为大家唱歌。"视频的结尾，还晒出了迪克牛仔当日的机票。

生活中，我们会通过视频通话来验证对方的身份，从而达到信任。案例中的视频也能让消费者相信主办方的诚意，因为视频既有画面，又有语言，更能让对方确信你言语的真实性。

五、现身说法

在一些招商会上，演讲者会邀请产品经销商讲述产品销售的情况和用户的反馈信息。投资者会通过他们的介绍来决定是否投资，因为他们的反馈对自己更有借鉴意义。

信任是演讲产生说服力的基础，因此演讲者要运用能充分证明演讲内容真实性的方法。以上这些方法都很有效，若是能恰当地综合运用，必然会产生更大的说服力，让演讲产生更大的影响力。

震撼：讲一个具有震撼性的故事

一说到讲故事，很多人都会有这样的问题："我不知道讲什么呀，我感觉自己也没有什么好讲的。"

其实，在演讲的故事中，讲你最熟悉的事情就可以了，因为熟悉的事情是真实的。而这真实的故事比杜撰的场景更好，因为贴近生活的故事讲起来更加有画面感，会让演讲者更容易回到当时的状态中，也能够将听众带入到你的情绪中，这样更容易引起共鸣。

说到演讲中的震撼性故事，许多人马上会想起爆炸性新闻。二者的确是有相似之处，例如，题材新颖、故事结果出人意料等。为了实现这些效果，可以讲述自己的故事、朋友的故事、名人伟人的故事，还可以讲述哲理故事、案例故事等，这些都可以作为演讲故事的素材。所以说故事还是有很多的，并不是你不知道，只是没有找到而已。你要拿放大镜在身上找故事，把自己当作一个导演，好好改写你的人生剧本，并且把剧本精彩演绎一番。比如，在讲哲理故事的演讲过程中有观念的输入，要先破后立把听众之前的观念给颠覆掉，如果直接导入则容易遭到阻碍，这时就可以利用故事把你的观念融入进去。俗话说，"世界上最难的事就是把自己的思想装进别人的脑袋里"。你会发现但凡成功者都是讲故事高手。再比如，讲案例故事的时候，可以列举产品销售或者招商时候的成功案例，以及客户见证了什么，同时给顾客一个梦想蓝图，这时你给顾客的印象就是："别人可以，他也可以！"

一、讲故事的案例类型

现在我们就挑选三个讲述时可选择的故事类型，看看讲故事到底有哪些好处。

1. 自己的故事

你的故事别人不知道，亲身经历的故事，是自己最熟悉的、印象最深刻的，把令自己激动不已的生活片断作为话题讲述出来时，听众也会倍感亲切和激动，同时给人耳目一新的感觉。要是你还能根据现场气氛制造出令人震惊且符合演讲需要的故事，必然会产生震撼性的效果。

> 小马是一所高中的知名教师，一家教育机构聘请他给学员们上一节导学课。他上台后说："我今天站在你们面前深感惭愧，因为别人用4年时间就可以成为一名老师，而我却用了12年。"

> "怎么会这么久？"一些学生问。
>
> "高考那年，我只考上了一个省专科院校，毕业后在一所小学代课，很久都没有转正，于是到大学进修，可是进修的文凭又不被学校认可。于是我努力考上研究生，才得以到高中授课，前前后后花费了近12年。"
>
> "老师，您有没有后悔的时候？"一个学生问。
>
> "有，就是现在，我悔恨年少时没有像你们一样努力，所以希望你们认真学习每一门课。"小马说道。
>
> 学员们听完小马的导学课，学习的积极性有了很大的提高。

小马的故事，学员们一定没有听过，制造的悬念也十分震撼。别人当高中老师可能有个重点大学的本科文凭就够了，可他却因为起步时的劣势，花费了漫长的时间去提升自己。学员们听到他的故事一定会引以为戒，这样他导学的目的就实现了。

2. 朋友的故事

面对一些演讲的主题，我们自己的故事可能不贴切，此时不妨讲述身边朋友的故事，因为故事离你很近，听众会感到很真实。

3. 名人伟人的故事

因为人们对名人伟人充满敬仰之情，所以讲述他们的故事会使听众更加信服。许多企业家在向员工阐述自己的经营理念时都会讲述名人伟人的故事。

> 劳力士手表享誉世界，有人想借助其名气挂牌生产，但是老板拒绝了高额的挂名费，许多员工不理解他的想法。老板在员工代表大会上说："我知道我们允许其他厂商挂名，会有不菲的收入，但是我担心他们不能像丘吉尔那样，身为首相却要靠实力参加美术展览。如此一来，我们会因自己的贪婪而臭名昭著的。"

有些企业一旦有了名气，产品质量就会缩水，从而影响了口碑。案例中的老板拒绝让其他厂家挂名，就是有这种担心。他提及丘吉尔求真务实的态度，就是在告诫员工要求真务实，才能保住品牌价值。

二、讲故事的时机

有了震撼的故事，我们还需注重讲故事的时机。否则很难调动听众的注意力。现在我们看看，什么时间讲故事最有效。

1. 开场白的时候可以讲故事

一段好的开场白必定也少不了一段好故事，用情节生动、内容新奇的故事作为演讲的开场白，可以吸引听众的关注。除此之外，要让听众在听了你的故事以后，还有继续听下去的冲动。想要达到这个目的，可以选择调动听众的胃口，也可以调动听众的好奇心和思维，与听众建立一个良好的氛围，让听众不得不服你，让听众喜欢上你。

2. 演讲结束时可以分享故事

好的演讲总是有很强的感染力，让听众感到震撼，所以，演讲者在演讲结束的时候可以分享一个故事。虽然这些故事可能大为相似，比如励志、感恩或者自己的经历，但是听众的反应却是感同身受的，可引起大家的共鸣。

设想一下，如果你是一家企业的老板，年会结束前，讲述一下你这些年的经历、你的创业史多少挫折多么心酸，而如今获得如此成就，那是因为你相信梦想、坚持不懈、从未放弃，还有因为工作而放弃了与家人的欢聚，因为加班而忘记对妻子儿女的关怀等内容，效果一定很好。

三、讲故事的技巧

有了故事的素材，且懂得把握时机，但是没有讲故事的技巧，演讲也很难成功。下面，我们再来看，如何把故事讲好。

故事不仅能充实演说内容，也可以拉近演说者与听众的距离。通过故事，我们可以找到彼此的相似之处，也可以从中得出人生的感悟。故事讲得好不好，体现在内容和形式上。内容就是故事内容的设计，形式就是演讲的声音、手势等表现形式。如何将故事讲好呢？从内容上来讲，故事有六个要素：时间、地点、人物、起因、经过、结果。

1.时间

何时的表述要注意开门见山，警示性的话语更容易引起听众注意。在举例子的时候，如果演讲者用"可能、好像是、几年前或很久很久以前……"等句子会显得不够坚定，影响听众的专注度，同时模糊的概念会使故事的真实性有所下降。相比之下，直接确定说是"2018年1月18日……""公元前221年……"，故事则显得更有说服力。

2.地点

何地的表述要尽快进入场景，这样才会突出你想表达的主题。能快速进入场景，就能够快速地抓住主题，从而迅速地将自己的观点传达给对方。一个话语啰唆的人，往往讲半天话都还是在兜圈子，这时听众已经听烦了，这样你的讲话就很难达到预期的效果。

3.人物

何人的表述要有名有姓，有名有姓才显得真实，也方便听众梳理清楚思路。演讲时，演讲者对故事中任何一个人物均应冠以名字，这样有利于听众接受，也便于理解，一个简单的名字也总比没有名字强。

4.起因

何事的表述不要用解释性的语言，要尽量使用描述性的语言，把时间具体化、过程细节化。比如在描述故事的天气时，你要说"那天因为天气很热，所以我穿得很少"，就不如说"那天天气太热了，我只穿了个短裤"，"因为台子有10米高，所以我站在上面直发抖"，还不如说"我站在10米高的台子上，双腿发抖，不敢走路了"。

5.经过

何故的表述相对不太重要，它是听众的一个心理释放过程。演讲的时候，可以向听众展示一个心理的效果，也可以使用事实来侧面反衬，这样给听众的印象是生动形象的，乃至记忆深刻的。

6. 结果

何果的表述很简单，但是一定要让听众震撼，感同身受。演说中所有的故事都是为主题服务的。所以，故事的结果要有升华，要有结果，这才是演讲的初衷。

讲故事最重要的是对何事、何故的讲解，换句话说也就是重现场景。这就需要演讲者的表达具体化、描述细节化，让听众进入一个与你的描述一样的情景中，同时产生与听众有心理互动的效果，最终达成演讲的目标。

第三章

这样说，让公众说服更有力量

保持亲和力，说服不是强制要求

在公众演讲中，有人愿意用语言强制听众信服于自己，看似很坚持自己的意愿，却让听众避而远之，最后被孤立。而一直保持亲和力的人却能左右逢源，结识更多的人脉。说服不是强制，而是用亲和力深得人心。例如，《红楼梦》中，林黛玉对婢女出语凌厉，婢女对她则避而远之。相反，薛宝钗对待下人不刻薄，较随和，下人则对她交口称赞。

可见，保持亲和力是得到公众响应的利器，强制要求只会让自己成为孤家寡人。亲和力并非与生俱来，我们需要一些方法去建立。

一、情绪同步

所谓情绪同步，就是要跟公众的心境保持一致，而不是听众义愤填膺，你却满面春风地说事情无关紧要。应该用对方的态度和对方可能说出的语言与其交流，这样对方才会有被理解、被尊重的感觉，从而接受你。

一个熟食品公司的销售部经理去一家饭店推销。饭店老板很不耐烦地说："我现在一摊子乱事，没有心思上新货。"

销售经理说："现在餐饮行也是难做，你能告诉我有什么烦心事吗？"

"我的传菜员集体罢工，你说我烦不烦？"

"哎呀！我们是一个命啊。我的部门上个月走了三个业务员，而且是不辞而别，要不我也不用亲自出马。"

"既然我们都不容易，我就先买你一箱香肠。客人要是喜欢吃，我再联系你。"

饭店老板因员工流失而心烦，于是销售经理和他说自己也有同样的遭

遇，这比说"铁打的营盘，流水的兵"更显关切之情，因此能得到对方的良性回馈。

二、语言同步

这里的语言是指口头语言和肢体语言要同步。试想，一个人用不同的语调说"我喜欢你"给你的感觉必然不一样。当我们采用和对方相同的语言，对方会认为你跟他个性相近，自然会产生一种亲切感，交流也会更顺畅。切记不要模仿别人的缺点，让人觉得你在嘲笑他们，这样就弄巧成拙了。

咄咄逼人只会造成他人的冷漠，或者出现剑拔弩张的局势，而采用亲和的方式会让他人主动与你亲近，并响应你，这才是说服成功应该有的氛围。切记不要用自以为是的观点或者自己的权威去强制他人，结果只会适得其反。

三、行为同步

在公众演讲的过程中，演讲者经常会让听众跟随其表述，做一些演讲的肢体动作，如手势等，当听众的一个动作与你同步的时候，那么你的说服就更容易达成目标了。

四、思想同步

古人说："道不同不相为谋。"由此反推，共识就是演讲者和听众相互融合的基础。为此我们不能孤芳自赏，不能把自己的观点和要求强加给听众，而是通过和听众互动来与他们达成共识。例如，营销界的"七加一法则"，就是用问题引导对方七次，他一直回答"我赞成""是的""我了解"等认同的语言，你再问他第八个问题时大多都会同意。

我们在提问的过程中必须注意两点：一是提出的问题之间要有关联性，才能跟听众形成良好的互动；二是问句要自然流畅，可引导对方快速回答。

当你和听众的认识同步，才有可能一呼百应，形成巨大的亲和力。

幽默开场，用笑声拉开说服序幕

正所谓"好的开头是成功的一半"，那些成功的演讲者总是在一开始就用惊世骇俗的话语或是风趣幽默的开场白吸引听众的注意力。如果你也想成为一位"演讲达人"，就要先学习如何在演讲中开好头。

在演讲中，与其用陈词滥调来开场，还不如开门见山，用幽默诙谐的语言来。同时讲一些新奇的话语，逗笑你的听众，使听众眼前一亮，进而激起他们的兴趣。从一开始，你的演讲就应该像冷水里溅起的水花一样，让听众沉迷其中。

下面我们来看几种幽默开场的办法。

一、自嘲

自嘲是最保险的幽默开场方法，就是把自己当作消遣的对象，会给听众一种淡然大度的感觉。

二、反差

当我们阐述一件事的时候，利用对比反差来表达，幽默的效果就会很明显。

> 作家李教到北大演讲，开场白如下：
>
> "大家好：
>
> 你们可算看到我了！我今天准备了一些菩萨低眉的话，也有一些金刚怒目的话，但是大家如此热情，我就应该多说一些菩萨低眉的话。当年克林顿来北大演讲，是有红地毯铺路的。我问接待人员，我是否也有红地毯的待遇？他们说，北大把你的演讲当作学术讲座，就不铺红毯了。
>
> 今天我要是讲的学术性很高，就不必铺地毯了。若是不行，中途铺地毯也行。"
>
> 李教讲完，现场爆发出雷鸣般的掌声。

许多演讲者上台后都会先跟听众寒暄几句，赚点人气。李敖却说："你们终于看到我了"，既让大家感到有趣，又是一种自信的表现，潜台词是："我李敖可是与众不同的，你们看到我应该很高兴。"

随后他又用"菩萨低眉"和"金刚怒目"来形容自己语言的犀利和温和，对比强烈，幽默感很强。最后拿克林顿和自己做对比，是说自己的演讲更符合北大的学术氛围，而克林顿是明星级别的待遇。其文坛狂人的形象一览无余。

三、夸张

为了让自己讲述的事情更加生动精彩，我们可以用夸张手法来起到辅助效果。另外，夸张还可以给你的观点创造弹性空间。如果你阐述的观点和听众的见解有所偏差，听众也不会斤斤计较。

四、双关语

双关语是幽默常用的修辞方法，分为两种：一种谐义，一种谐音。这种修辞方法可以让意思产生双关效果，表现出幽默。

> 黑人演说家罗克勤有一次面对全是白人的会场进行演讲，而且演说的内容还是关于解放黑人奴隶的，他的开场白是：
>
> "各位先生和女士，我觉得我今天到这里，不是来给大家做演讲的，而是要给你们增加一种颜色。"
>
> 此言一出，台下的听众哄堂大笑，尴尬的气氛马上就被缓解了。

罗克勤的开场白简洁而幽默，却一语双关，意味深长。"增加点颜色"，可以看出罗克勤对种族和平的向往，而且语气柔和。若是他稍有出言不慎，很可能会和听众产生冲突，引发难以预计的后果。他用一句话不仅缓和了自己和听众的关系，也使沉重的话题变得很轻松，可谓一石二鸟。

五、其他方法

除了使用幽默的方法进行开场之外，我们还可以使用以下方法：

1. 用一句久经考验的话来开始你的演讲

引用某个名人做过的事，或者引用某个为听众所熟悉或尊敬的、有影响力的人物的话来引起听众的重视。

2. 用证据或视听效果来开始你的演讲

展示各种数据、表格、图片、道具、景象、音乐、视频等，来表明公开演讲的重要性。

3. 用趣闻轶事、诗词典故来开始你的演讲

叙述一件趣闻或一个典故，激发听众的兴趣。

4. 用一句总结性的陈述来开始你的演讲

抛出一个观点或做出一句大胆的评论来阐述大纲。

5. 用一个例子来开始你的演讲

讲述一则符合你的演讲主题或者是当下最流行的新闻。

6. 用打比方的方式来开始你的演讲

打比方可以很好地增强语言的表现力和感染力。

7. 用提问的方式来开始你的演讲

问听众感兴趣的主题或话题，或者能够激发听众开动脑筋的问题，这样接下来的演讲，听众也就会自然而然地跟着你走了。

在演讲中，我们有必要掌握幽默开场的技巧，能够让说服的过程变得更加顺利。

互动说服，让听众轻松跟你走

生命在于运动，关系在于走动，资金在于流动，而演讲在于互动。当演讲者慷慨激昂地站在讲台上演讲时，要是有听众参与其中，同自己形成台上、台下互动，上下呼应的局面，你的演讲激情肯定会大大提高。所以说演

讲如果没有互动，效果就不会太好。演讲者要掌握控场与互动的技巧。

接下来，我们先谈谈互动的技巧。

一、通过举手来促进听众参与

很多人都认为让听众举手是很困难的。那是因为中国人普遍都认为"枪打出头鸟"，先举手肯定会有不好的事情发生，所以举手时都要前后左右地看看，这就是"从众效应"。其实让听众举手，是有诀窍的，那就是演讲者要自己先把手举起来。这时，听众的焦点都在演讲者的这只手上，就不会去看其他人了，这样就很容易引起听众的配合。这样的举手参与，与听众形成良好的互动，从而让听众进入状态，你的演讲也会更加出色。

二、提问引发思考

一个真正的演讲高手，能够把一个抽象的概念讲成一件很平常的事情，快速让听众熟悉一个陌生领域的知识。

演讲时，演讲者提出问题既可以控场，也可以与听众形成互动。提出问题就是将疑问抛给听众，让他们思考，听众也更愿意配合。听众思考过的和演讲者直接讲出来的效果完全不同，前者能给听众留下更深刻的印象，这将大大增加听众对演讲内容认知的深度和广度。如果说诚恳的交谈是构建和谐的人际关系的重要路径，那么善于提问，则是最佳的互动方式。当我们讲述专业性很强的内容时，互动的问题可以先易后难，可以参考先引人入胜，再由浅入深的原则。

三、化句号为问号

化句号为问号也是一种重要的互动方式。具体方法是在一句话的后面加上"好不好""是不是""对不对"等词，听众在回答的同时就产生了很好的互动。

四、巧妙引导创造互动

每个人都有表达自己的愿望，演讲者要善于给听众提供这样的机会。例如，演讲者说："很多人演讲口才不太好，可能是受中国传统文化的影响比较深。因为中国的传统文化教育大家做人要深沉含蓄。"沉默的部分不用演讲者自己说，听众会直接说出来。这就让听众很好地参与进来，形成了很好的互动。需要注意的是，引导的内容要选择一些大家耳熟能详的话语，否则没有人能接下去，也就没有办法进行互动。

五、以重复加深印象

演讲中，重复一些内容可以加深听众的印象，也可以形成良好的互动。例如"跟着我来读一遍""跟着我一起来回顾一下"。

有效控场，让公众说服更容易

演讲看似是一个人的主场，却并非人人都能掌控得了。在演讲过程中，总会有一些出乎意料的状况发生：

听众要么交头接耳、窃窃私语，要么打盹、玩手机；

演讲很难调动气氛，听众不爱互动，没有交流；

演讲突然冷场了，忘词了，发生意外了；

……

这时，考验的就是演讲者的控场能力了，那如何来掌控全场呢？以下技巧与你分享。

一、声音控场：高低音和停顿

演讲者的声音透露着演讲者的自信，声音低沉或者声音洪亮给听众带来的气氛是不一样的。所以，你应该善用声音调动听众的状态。例如，演讲者声音突然提高几度，很可能会让开小差的、打瞌睡的听众突然惊醒，然后认真听讲；突然降低音量，抑或停顿时间长一些，现场会慢慢安静下来，交头接耳的人也会停止讲话。

二、动作控场：夸张动作和道具

演讲时，一般都会有动作的互动，这更易于有效控场。大幅度的动作肯定是更加有利于影响听众，它可以快速吸引听众的注意力，用于提醒开小差、打瞌睡的听众。这样既不得罪人，又可以对现场进行很好的控制。当有的听众交头接耳、互相讨论，现场呈现混乱状态时，演讲者除了使用大幅度的动作外，还可以借用道具来吸引听众的目光，达到有效控场的目的。

三、目光控场：定点强化吸引

演讲者的目光到哪里，影响力就到哪里。曾有学员问我："在台上演讲时，目光应怎样比较好？"我这样回答："当你在演讲时，目光可以从听众身上扫过，试着和台下听众多做一些眼神交流，时间保持三秒以上，这样你的亲和力就增加了……"

美国第40任总统里根是演员出身，拥有高超的表演技巧，每次演讲他都能充分运用"目光语言"。他的"目光语言"有时像聚光灯，把目光聚集到全场的某一点上；有时则像探照灯，目光扫遍全场。有人评价他的"目光语言"是一台"征服一切的戏"。

其实无论演讲者讲得多好，都难免会有人交头接耳。这时如果置之不理，这些人可能会影响其他人的听讲效果。这就需要演讲者将目光移至他们身上，面带微笑地看着他们，很快他们就会感到不好意思，进而安静下来。

四、对话控场：简单对话，有效驾驭

演讲者应该让听众参与到演讲的情境中，让演讲的主题思想对听众产生影响。演讲者通过对话来控场，即通过与现场听众进行对话，从而与他们共同驾驭整个现场。

在演讲的过程中，经常会发生很多突发事件，比如一位听众的手机突然响起，演讲者可以说："这个手机音乐非常赞同我的观点，我们用热烈的掌声鼓励一下！"接下来，其他听众的手机基本上就不会再响了。如果演讲者置之不理，其他人的手机可能还会响，这样就会影响演讲的效果。

五、内容控场：根据情况，适时调整

内容是一场演讲的核心。吸引听众来现场听演讲的除了演讲者的个人魅力，就是演讲的内容了。如果演讲的内容是那些听众感兴趣的，对其有用、有价值的内容，对听众来说，就算路途再远、费用再高也会来参加。

在演讲过程中，如果纯讲理论，现场反应不佳，那就多举一些实例，或者列举一些科学数据。还可以通过讲个笑话、讲个故事、谈点趣闻、唱支歌等来调节现场气氛。穿插内容时也要注意：穿插进来的内容一定要同话题有关，能够起说明、交代、补充的作用；穿插的内容要适度，不可过多，如果喧宾夺主，则会致使中心旁移；衔接也要自然，切不可让人觉得勉强或节外生枝。

作为一名演讲者，要想征服听众，必须要用心对待每一个细节，每一份热情。其实当你能够全情投入准备演讲时，就已经打动听众了，听众自然会买账；当你能掌控整个舞台和现场气氛，给听众带来触动时，听众也会非常感激你的演讲。

激发听众的好奇心，调动现场氛围

在现场演讲的过程中，能够激发起听众的好奇心，这无疑是给演讲现场增添了一份亮丽的色彩。常用的方式为制造悬念或讲述新颖话题。听众在好奇心的驱使下，不仅会放下心理戒备，还会全神贯注地听你讲话，这无疑会降低说服对方的难度，还会勾起对方的兴趣，吸引他进行深思，从而按照你的意愿行事。

齐国宰相田婴要在自己的领地上建城，几乎所有人都反对他的这种想法。门客们认为，田婴的举动会引起齐国王室的不满，进而导致田婴失去权力。可是田婴却固执己见，任凭门客一再劝说，也不改变，并告诉门童，不要再让门客来见他。

有一位门客对门童说："请你转告宰相，我只对他说三个字，若多说一个字愿被斩首。"

田婴听到后很好奇，就让门客进来，门客只说了"海、大、鱼"

三个字，然后就转身离去了。

田婴一头雾水，急于知道门客说的这三个字是什么意思，就把门客叫回来，打算问清楚。门客说："海里的大鱼很厉害，能撞破渔网，不被抓捕；但是若离开大海，却只会被渴死。齐国对你像水，而你却建筑堤坝，会因失去王室的支持而失败。"

田婴再三思考，决定不再建城。

当一个人固执己见的时候，我们想要说服他是十分困难的。案例中的田婴就是这样，他因捍卫自己的决定而处于心理封闭、烦躁的状态，若是门客一再劝说，很可能会碰钉子；相反，这位门客通过制造悬念的方式激发其好奇心，不仅能够转移他的注意力，还能缓和对方对抗的情绪。

对于演讲者而言，当你在演讲现场激发起听众的兴趣以后，要善于抓住时机，积极营造演讲的氛围，"有势借势，无势造势"。接下来给大家分享演讲造势的技巧，以此来达成更好的演讲成果。

一、层层递进，有效转折

在演讲的时候，演讲者可以配合现场的音乐、灯光等道具将氛围层层递进，将自己要说的论点层层推进，进而慢慢助推现场的氛围。而想要达成这一效果，演讲者就要多使用排比句，或者结构磅礴大气的词语。

在讲述的过程中，推进到一定层次后，演讲者如果合理运用有效转折，会将现场的氛围推向一个新的高度。听众会不断地跟着你的思维走，进而达到你想要达成的目标。演讲者在一开始的时候，就可以提出一个观点，在听众意想不到的地方再进行有效转折，这样就可以给听众造成一种落差，使其对演讲产生更大的兴趣，形成与听众共鸣的强烈效果。

二、树立目标，制造悬念

当你想要有一个更好的演讲氛围，却不知道该怎样做的时候，你可以在一开始的时候就树立目标，再根据这个目标设定一个悬念，这样就可以营造出一种神秘的演讲氛围，同时也可以吸引听众听下去。然后再慢慢地揭开悬念，让听众在演讲中听到更多的信息，这样可以让听众更为认可你的演讲。

演讲者如果没有在叙事的时候多下功夫，那么听众很容易觉得演讲的内容平淡如水，索然无味，因此也就很难深入人心。所以，高明的演讲者往往善于在叙事中巧设悬念。

三、艺术渲染，增加高度

演讲者为了阐述自己对某种事物、某个事件的深刻见解，可以根据演讲主题的需要，从各个角度、各个侧面对该事物或事件进行铺陈渲染，以造成一种"先声夺人"的气势，进而把听众的思绪引入特定的演讲氛围。在此基础上，再阐述自己的思想观点，对听众进行宣传鼓动，就会水到渠成，事半功倍。

我们不难发现，利用铺陈渲染的方法为演讲的主题造势，可以激起听众强烈的共鸣，把演讲推向高潮。尤其在表达理想、志向和成长感悟时，运用铺陈渲染的方法更能收到和谐、激昂和有节奏感的表达效果，听众更容易被演讲者所征服。

能为演讲造势的演讲技巧还有很多。比如可以通过停顿与静默来达到造势的效果，突如其来的沉默会快速吸引听众的目光，使听众的注意力完全集中在演讲台上。

比如在演讲中使用疑问句可以加强演讲的语势，使原本就确定的观点更加明确、鲜明，与正面表态相比，这样的疑问句更具煽动性。因此疑问句的造势技巧，可以使演讲者与听众快速形成共鸣，将演讲推向高潮。

演讲中的造势技巧不止以上几种，演讲者必须结合主题、现场的具体情景，针对听众此时此刻的心态和情绪，灵活地调动种种语言手段。只有这样，才能与听众形成某种情绪上的互动和共鸣，才有可能营造出合适的现场气氛。

一个好的氛围，可以让你在演讲的时候发挥得更好，也可以让听众更乐意听你的演讲。但是值得注意的是，无论运用何种造势技巧，都需要了解这些能让你的演讲更有气势的演讲技巧，是有助于表达演讲的主题的。如果为造势而造势，纯粹玩弄技巧，进行"语言包装"，就会因装腔作势而贻笑大方，甚至哗众取宠。

锻造公众说服力的八大妙招

想要在公众面前产生强大的说服力并非一朝一夕的事情，需要在很多方面下苦功。促使公众说服成功的不只靠演讲，还有其他因素，所以我们要做到双管齐下。下面，我们就来看看这些妙招。

一、现场熟悉法

说到现场熟悉法，不只是了解演讲地点的所在，而是对场地的电脑设备、音箱、灯光都有所了解。最好能够像演出一样，进行几次彩排。这样上台后就不会被突然出现的故障所干扰，不会慌乱。准备充分能让你镇静自若。

二、自我暗示法

自我暗示法又称自我激励，即我们在上台前，要对自己说一些积极向上的话。例如"我一定行""我相信我能做到""我是独一无二的"等。千万不要自卑，也不要说"我试试吧"这类语言。你把演讲当作一次尝试，就容易原谅自己的错误，反而对演讲不利。

三、温水缓解法

每个人在演讲的时候都会有不同程度的紧张，从而造成口干舌燥。这个时候我们可以喝些温水，可以缓解紧张情绪，也能润喉，对演讲的帮助极大。

四、扫视全场法

有些演讲者上台后会低头背诵演讲稿，这种跟听众没有交流的演讲方式，很难调动听众的热情，还会给人以胆怯、不尊重他人的感觉。我们要扫视全场，了解对自己反响最强烈的听众在哪个方位，然后可以做以点带面的努力，进而影响其他听众的情绪。

五、形象调整法

所谓形象调整法是指调整好自己的精神状态，整理好自己的仪容。例如，站立的时候要站直，给人一种自信满满的样子；服装要符合演讲的要求；妆容不宜过重，看上去淡雅可亲即可。

一位国内知名教授到北京大学讲中国传统文化，才讲了不到 10 分钟，就有学生轰他下台。主要原因是，这位老师居然穿了低胸装，妆还化得很浓，跟现场的学术氛围完全不搭调。

不同的场合对演讲者的仪表有不同的要求。在北京大学做学术报告，不同于在电影节上走红地毯，你的形象让听众看上去很别扭，他们的注意力就很难集中在演讲上。此外，有些装扮会让人觉得低俗，案例中的老师就是如此。她不妨穿职业装或端庄大方的衣服，以及化个淡妆，这样更能被学生所接受。

六、反复背诵法

我们只有对演讲稿反复背诵才不会忘，但是不忘只是演讲成功的前提。我们在背诵的时候，不仅要融入感情，还要假想听众可能提出的问题，你要做何解答，等你登台后，才能更好地面对听众。

七、听众互动法

如果我们上台后很紧张，可以先与听众进行一次互动。例如，一位娱乐节目的主持人上台后，会对听众说："在座的各位，你们心情好吗？我想听听你们的回答。"然后他把麦克风指向听众。此举不仅缓解了自己的紧张情绪，还把听众的注意力集中到自己身上，可谓一举两得。

八、调整呼吸法

当我们紧张的时候，呼吸会急促，这时不妨深呼吸，暂时不去想演讲的内容。越是放松，演讲的效果越好。

以上八种方法对演讲至关重要，我们使用的时候不可忽视其中的任何一种。尤其是初次登台还没有足够经验的演讲者，要熟练掌握这些方法，对建立演讲时的自信十分有效。

第三部分

沟通对象不同，说服力的表现也不同

1

与上司沟通：
赢得上司的赏识与信任

把握时机，直奔主题

在职场上，员工与上司进行沟通是不可避免的。如何能通过交谈得到上司的信任和赏识是一门学问。比如有的下属汇报的内容短小精悍，却对上司产生了很强的说服力；有的下属准备了详细的报表，可是上司一看到这些报表就感到头疼。其中最主要的原因很可能是员工没能把握时机，以及没有直奔主题。

一、把握时机

许多员工会认为自己的事情重要，而忽视和领导交谈的时间，最后使汇报结果大打折扣。例如，一家大型公司要召开会议，部门经理却拦住了要走进会议室的上司。此时，上司的心思都放在要演讲的内容上，不仅不会关注你汇报的重要情况，还有可能因被干扰而发怒。

有人说，我们的上司经常多地奔波，好不容易见到他，当然要抓紧时间向他汇报。即使汇报得仓促，总比不汇报要好一些。但事实证明，你的行为若是让上司反感，以后你再想说服他，会给自己增加很大的难度。因此我建议，跟上司沟通时要注意寻找安静的环境，创造愉快的情境氛围和完整的时间段。

说起安静的环境，许多人会想到办公室或优雅的餐厅。这对于许多员工来说，比见到上司更难得。很多时候，他们都是通过电话跟上司交流。因此安静的基本要求就是，你说的话要让上司能听清。比如有时上司在聚会或开车，很难听清员工的讲话，这时就不要再说了；或者事先问好上司是否方便接电话。这样都会给上司留下懂礼貌的好印象，为你说服他创造良好的前提条件。

所谓愉快的情境氛围，首先，上司不能要事缠身；其次，上司所处的环境不能让他产生坏的情绪。例如，上司跟竞争对手谈判针锋相对时，就不宜跟他谈工作上的事。另外，可以献策帮助他成功，再说服他接受你的建议，这样就很容易得到他的关注和认可。

完整的时间板块，不是指时间很长，而是说，哪怕只有 10 分钟，但是这 10 分钟内，上司是不被其他人或事打扰的。有人说，10 分钟时间太短了，但是许多商务精英用 3 分钟时间，就能做到跟上司良好的沟通。其中最重要的原因就是能够直奔主题。

二、直奔主题

在说直奔主题前，我们来看看，许多人跟上司讲话时常出现的情况。例如，面试官问应聘者："你结婚了吗？"有人会说："我来自贫困家庭，努力工作才攒下一点钱，谈了一个女朋友，还没订婚。"试想，面试官听到他的介绍，会有什么样的感觉？所答非所问，而且完全不理解面试官此问的用意。一般来说，结婚的人更具责任心，工作会更长久和踏实，因此应聘者若是单身，可直接说未婚，并告诉面试官，自己认为这样的状态更适合努力工作。此时，你说话的主题就是你的工作态度，进而更容易说服面试官录用你。

许多爱兜圈子说话的人，并不是没有听懂问题，只是想让大家对他了解得更多一些，从而得到一些同情、认可或赏识。但职场谈话并非选秀节目拉选票，上司大多不会喜欢这样的对话方式，他们会说："请讲重点，我很忙。"

有的人直奔主题，却没能有效地说服上司，分析其中原因，通常表现为三点：说话逻辑不清，语言啰唆，让对方误解。在这三点中，我们重点来说逻辑不清和让对方误解。

> 面试官问一位应聘者："你的职业规划是什么？"
>
> "我以前在一家公司做过电话销售，月薪过万，现在希望工资翻一倍。"应聘者说。
>
> "对不起，先生，我希望听到你的职业规划，而不是你所期望的薪资。"
>
> 最后，应聘者因与面试官沟通不畅而导致应聘失败。

从主题的角度来看，薪资待遇可以说是职业规划的终极目标。这个应聘者为什么会失败？就是因为说话逻辑不清，招聘者更想看到的是应聘者实现预期目标的办法和步骤。这时应聘者就可以按照这个逻辑来组织语言，例如："我的职业规划是成为一个顶级的营销专家，为了实现这个目标，我会从最基层的推销员做起。若是有机会，我会争取做区域代理，并与企业建立良好的合作关系。"

上述说法，不仅让上司看到了你的自信，还看到了你的工作态度和方法。就心理学来看，对方会认为有办法的人更容易成功。因此说服上司不可忽视语言的条理性。

被误解也是影响员工和上司沟通的重要原因。有些员工抱怨说："我都已经直奔主题了，上司怎么就听不明白呢？"也许他所谓的直奔主题不过是语言直接，说服的原因却很难让人一眼看出利弊关系，甚至产生误会，最好的办法就是改变表达的内容。

> 一家装修公司的员工对上司说："我们的扫描仪老化了，应该换一个。"
>
> "以前的员工都能对付，为什么就你不行？"上司责问。
>
> 员工不说话，过几天机器坏了。
>
> 员工拿到维修店去维修。
>
> "你的机器是1994年产的，按理说该换新的了，怎么还修呢？"维修员问。
>
> "我跟上司说机器老化，他让我将就。"
>
> "你就跟上司说，维修员认为修理等于做心脏支架，很不稳定，可能会影响工作效率。"
>
> 员工回去后，按维修员说的向上司反映情况。结果上司购买了新的扫描仪。

维修员的话为什么比员工的话更有说服力？他说的也是换扫描仪这个主题。究其原因，其切入点不一样。维修员的切入点是工作效率，而这才是上司最关注的东西，但是员工从机器老化这个切入点去说服上司，上司则容易误认为他矫情。

我们在上司面前直奔主题，必须先考虑自己的目的和上司思路的结合点，否则容易撞上南墙。

语言啰唆，通常表现为两个方面：一是没必要的修饰太多，二是语无伦次。例如，面试时，你已经出示了重点大学的毕业证书，下面可以说："我觉得自己可以胜任贵公司的工作。"若一再阐述自己有多优秀，反而会给面试官留下自视甚高的印象，不利于成功。而语无伦次会给人思路不清和缺乏自信的感觉，这样也很难说服上司。

在职场上，被上司赏识和信任的员工更易成功，所以下属一定要学会把握时机和直奔主题。在诸多语言技巧中，它们是其他语言技巧应用的基础和前提。只有掌握了这两个技巧，说服上司才能简洁、高效。

老板关注什么就重点说什么

人们常说职场如战场，说话必须小心谨慎，尤其是在上司面前，什么话当讲，什么话不当讲，都是一门学问。例如，明朝大学士黄道周，总是在朝廷上指出皇帝的不足，皇帝一怒之下把他关进大牢。在如今的商界，人们管这种人叫职场"小白兔"。很多员工确实是为公司的利益着想，但是不针对老板关注的重点去说，最后难免碰壁。接下来我们一起看看，老板的关注点有哪些，我们又该采用哪些话术技巧。

一、提升公司利润

有些新员工说："我初入职场，对老板的关注点一无所知，所以采用多干活、少说话的工作方式。"

这种方式有一个最大的弊病，就是上司无法从你的言论中对你有所了解，这样则很难把你安排到适合的工作岗位上。这种情况下，即使再努力工作，也未必能出现好的结果。此外，没必要非得知道老板的关注点，有些事对任何一个老板来说都十分重要。例如，利润问题。要是你在工作时，找到帮老板节省成本、提高效益的方法，必然会引起他的重视。那么此后，你的说服技巧就能帮你赢得上司的赏识。

> 一位大学生在华为公司应聘成功后，给华为董事长任正非写了一封长达万字的建议信，毫不隐讳地指出了公司的不足之处。任正非仔细阅读后，觉得该大学生是一个包容力很差的人，而且没有解决问题的能力，便辞退了他。
>
> 另一名员工也给任正非写了一封建议书，这位员工从自己以往的工作经验谈起，说如何改善产品将更符合用户要求；管理上做出改变更能高效；成本投入的侧重点，等等。任正非看完这封建议书，马上提拔此员工做部门经理。

很显然，两名员工都找准了老板的关注点，也重点去说了。为什么第一位员工没有成功？因为他没抓住老板想听的侧重点。这就好比我们在学生时代，老师只挑出作文的毛病，却没有给出指导建议，你就会很反感这位老师的做法，因为这对你提高写作水平帮助不大。员工建议老板也是同理，任正非需要的是能带来利润的人，当然会赏识第二位员工了。

工作中，能够帮助老板增加利润的地方有很多。例如，节省原材料、开拓新渠道、改变营销方式等。我们提出建议的时候，能拿出可行性方案，老板必然喜欢听。

二、行业和对手的动态

许多老板不喜欢听太具体的工作方法，而是关心整个行业和竞争对手的动态。员工要是能提供最新的行业资讯和对手的计划给老板，他自然愿意听。若是还能帮他想出一些巧妙的应对策略，老板可能会主动找你谈话。

> 一条街上有甲、乙两个小型超市，因为邻近，竞争激烈。甲超市想打价格战。例如，把3元钱的饮料降到2.8元，可老板又担心顾客嫌找零钱麻烦，不起作用。服务员对老板说："当下人们更喜欢微信支付，您不必担心找零钱麻烦。此外，我听朋友说，跟我们竞争的超市可能要转型开饭店，您可以过一段时间再决定是否调整价格。"
>
> 一周后，乙超市清空货物，开始装修。甲超市则维持原价。

当下，去早市买菜都可以采用微信支付，可见这就是零售业的新动态。案例中的员工先帮老板分析了行情，此后，又向老板透露对手可能转型的信息，并建议其等等再做决定。员工能帮老板准确地把握经营方向，必然会得到老板的青睐。

三、改善工作细节

大多数老板只是从战略上带领员工达成目标，至于生产过程中的一些细节及售后服务则很难顾及。要是我们能把握工作中的一些细节，并总结出用细节促使公司产品和服务质量提高的经验，并向老板提出建议，自然会得到老板的重视。

四、促进公司发展

现在是产品快速迭代、管理方式不断创新的时代。任何一家公司在发展的过程中都可能遇到一些问题，老板很想提前知道自己可能遭遇的难题。但是有一些员工学会了阿谀奉承，老板反而无法知道客户对产品的态度，以及员工对公司的满意度。这时老板希望听到真实且对公司发展有利的言论。提供此类信息的人，不仅会得到老板的赏识，还有可能得到一些奖励。

五、员工的牢骚

对任何一家公司来说，一个员工的定义不只是能力强，还需要对企业有很高的忠诚度。对员工来说这很难，越是能力强的员工越容易对自己的待遇有不满，并通过牢骚发泄出来，老板则很难听到这些话。要是员工能巧妙地把这些话传达给老板，老板就会做出正确的调整，从而使公司的氛围和谐向上。

> 　　一家建筑公司接手了一个难度很大的项目，负责该项目的几位员工超出时限半个月才完成。老板问主管："我是否该扣他们的工资？"
>
> 　　"最好不要扣。"主管说。
>
> 　　"为什么？"老板问。
>
> 　　"他们跟我说，高空作业时总遭遇大风，如同高空表演，却没有赏钱。"主管回答道。
>
> 　　"不扣了，就算他们功过相抵吧。"老板说。

　　主管向老板报告了员工的牢骚，但他说这些牢骚是大家的心声，而且也符合现实情况，因此不是打谁的小报告，还帮老板想出合理处理问题的办法。试想，老板要是扣了这几个人的工资，以后再出现难度大的项目，员工就有可能想办法推辞，必将会影响公司的发展。所以，员工可像案例中的主管一样给老板提建议，但不可乱传话，制造老板和员工之间的矛盾。否则久而久之，你的话语在老板面前会丧失说服力。

　　这是在对老板不了解的情况下采用的说话技巧，若是对老板的兴趣、爱好有所了解，则可和他多说这方面的事情，必然会跟老板建立更亲密的关系。这个时候，你跟老板提一些意见，他接受的机会会更大。若是还能带来巨大的收益，你很可能会得到老板的重用，更加有利于职业发展。

先赞美，再指出老板的错误

在职场上，你一定见过这样一类员工，他们看上去很精明，能对领导的决策、工作成果等快速做出评价，如赞美或鄙视、支持或反对。在多数情况下，他们给出的结论都是后者，业内人士称这种员工叫"趣味杀手"。好像他们的眼睛只能看到老板的过错，却看不见功劳一样，最后导致老板连他们正确的建议都不再采纳了，甚至因此受到责罚。

究其原因，老板的尊严很重要，你总是让他没面子，他就会疏远你，就算你有再强的说服力，也无济于事。此外，在老板兴致勃勃的时候，员工非哪壶不开提哪壶，令其扫兴。此时，老板就算明知道自己错了，大多会选择错开话题，员工的目的就更难以实现了。

为了不出现这样的情况，我们不妨先采用赞美的方式，拉近与老板的距离，然后指出他的错误，这样说服的效果会更好。

一家公司举行年终表彰大会，老板亲自做了一份报表，在投影仪上向员工展示。秘书小吴当着众人的面就说："老板，你的报表有不足。"

老板只能脸色深沉地对大家说："我工作太忙，对一些员工的业绩不了解，望见谅。"

此次大会后，老板再出席重要场合时，都不带小吴，而是让销售部经理小赵做助手。

小吴不解，找到小赵问："我有注册会计师资格证，给老板挑的毛病都是专业的，他怎么会不待见我呢？"

"小吴啊，恕我直言，你是专业的注册会计师，但是不是专业的员工和秘书啊。"小赵说。

"那我该怎么做才对？"小吴问道。

"你应该先赞美领导，再纠错。"小赵回答道。

> "我应该从哪个角度去赞美呢？"小吴又问道。
>
> "就拿年终表彰大会来说吧，老板能表彰大家，必然是有想法的，你可以夸奖他的功劳。至于错误可以私下指出，并揽到自己身上，毕竟帮他检查报表是你早就该做的事情。这样不仅能让他接受你的建议，还能让他看到你对工作的态度。"小赵回答道。
>
> 此后，小吴采用小赵的办法和老板交流，和老板的关系缓和了很多，许多意见都得到了老板的认可。

在职场上，有一条原则叫"老板永远是对的"，他作为一个团队的领导者，主持的是大局，不可能万事巨细，出错误是很正常的事情。许多员工挑剔的原因是拿自己的长处去衡量老板的不足，言语中流露出的态度，在老板那里感觉到的可能不只是挑剔，甚至还有蔑视。若是惹得老板讨厌你，你是不可能说服他的。

有些员工说，我的老板真是没有什么闪光点。切记，他的决定关乎你的利益，你可以通过赞美式提意见的方式，使他令其他员工佩服。这样他是会赏识你的。

> 三国时期，谋士田丰劝主公袁绍不要攻打许县，袁绍不听。田丰用手杖捶地说："此战我军必败。"
>
> 袁绍认为他动摇军心，将其打进大牢。

其实，田丰可以通过先赞美再提意见的方式去实现自己的目的。例如说："我军兵强将广，不必因小失大。"也可以说："兵法的最高境界是使对方屈服，我认为主公完全可以采用其他方式来稳住许县，并稳操胜券。"然后他再去跟袁绍分析利弊，对方才可能有耐心听下去。可是田丰的说法好比激将法，袁绍又怎么能接受呢？

如果下属能够把自己的建议用赞美来包装，可能因照顾到领导的尊严和满足了他的成就感而使其按照你期待的方向去实践，还可以获得领导更多的好感和信任。但是我们运用赞美时，必须要摒弃一些不正确的方式，才会产生有利的效果。下面我们再来看看，哪些赞美方式不可取。

一、阿谀奉承

阿谀奉承不等于赞美，因为每个人对自己都有一定的认知度，奉承的话说得太多不仅会让对方感觉你很虚伪，而且还会不耐烦。例如，在一些公众场合，你对领导进行了"能不配位"的赞美，他面对听众的时候就会很尴尬，也有可能打断你的谈话。

二、落入俗套

何为落入俗套呢？作家巴尔扎克说过："第一个赞美女人如花的人，很聪明；第二个，很俗气；第三个，如同傻瓜。"对于领导来说，很多赞美的话语是他经常听到的，已经习惯到产生了免疫力。因此我们要想提高赞美的说服力，就要力求新颖。新颖的东西总比千篇一律的东西更具吸引力，但是我们要切记，赞美是为了提醒老板认识到错误，而达到自己的目的。

16世纪，一伙盗贼潜入英国王宫，想要盗窃国王的王冠。可是这些盗贼技艺拙劣，为首的盗贼布雷特被擒住了，国王亲自对其进行审问。

"你真是胆大包天，居然敢偷我的王冠。"国王厉声说。

"陛下，我确实狂妄，可不过是想以这种方式来提醒一下尊贵的您，关心一下我这个老无所依的士兵而已。"布雷特说道。

"可是我并没有您这样的部下啊？"国王惊奇地问道。

"陛下，我是不曾与您并肩作战过，但是现在天下太平，所有的臣民都是您的部下，我也是其中之一。"布雷特说道。

"既然如此，你说我该如何处置你？"国王说道。

"论法律，我必死，但是我死后，会有一些人为我落泪；若是陛下宽恕我，这些人会赞美您的宽厚。赞美总比眼泪要好很多，您说对吗？陛下。"布雷特回答道。

> 国王没想到他会这样回答，接着问："你觉得自己的行为是勇士还是懦夫？"
>
> "在陛下的英明和权威面前，我是懦夫，尽管有人谬赞我是勇士。"布雷特回答道。
>
> 国王听到他的辩解后大悦，不仅赦免了他，还给他一些钱财。

布雷特的赞美可谓新颖，不仅指出了国王的过错，并实现了自己的目的。他盗窃的目的，就是为了解决老无所依的现状，若是从正当渠道去解决，他应该到国王面前申请给自己这样的老兵一些照顾。为了拉近他和国王的关系，他赞美国王打造的太平盛世，可以说，这个帽子戴得很高，很巧妙。国王问他是英雄还是懦夫时，他的用词更是新颖、准确。例如，用英明和权威来赞美国王的高贵。国王一定是没听过如此特别的赞美，所以不仅赦免了他，还资助了他。

为了实现说服领导的目的，不落俗套是每位员工都应该学习和运用的有效方法，并要针对不同性格和不同身份的领导选择恰到好处的措辞。

三、没有分寸

对领导赞美时的分寸，通常是指不要超出赞美的范围。例如，一位员工跟老板提建议，先是夸赞老板年轻有为。然后老板说："我是因为家庭环境不好，还有一个妹妹，所以才很小就出来闯天下。"员工继续赞美说："你妹妹也一定很优秀，所以你才肯这么付出。"之后他再赞美老板的遗传基因好。最终，老板无法忍受了，找个借口离开了。

你是向老板提意见的，不是给老板写家谱的，所以你的赞美要缩小范围。此外，你应该知道老板很忙，不要用过多的赞美让他感到不耐烦。

很显然，赞美是一种能满足领导心理需要的行为，且能表现自己对领导的尊重。但是，我们要因人、因事采用不同的赞美方式。在职场上，善于赞美的员工总会讨得领导的欢心，从而受到提拔。而默默工作的人，却常常是"养在深闺人未识"。为什么会如此，因为人性的核心是情感，下属若是用好了赞美，领导就有可能按照你的要求，改正自己的错误。

申请加薪的说话技巧

一份调查报告显示，公司里渴望加薪的人占90%，但是犹豫不决的人和放弃的人占了80%，最后敢于向老板提出加薪请求的只有10%，而且成功率不高。为什么会这样？一位叫晓月的员工是这样说的："谁不渴望加薪啊！但是从小就被灌输少说多做的理念，我怕说了会招到领导的厌烦。"另一位员工张宁说："我去找领导谈了，说自己的收入跟不上飞涨的物价。老板却说，这不是涨工资的理由。"

可见，员工想要提高收入，若不懂申请加薪的说话技巧是不行的，我把这种技巧分为底气、理由、谈判方法三部分。

一、底气

没有底气的员工跟领导谈加薪的时候，大多会缺少定力，语气也容易含糊其词，最后遭到了领导的拒绝。那么如何提高底气？心理学家朱诺认为，首先，要确定自己的价值；其次，确认自己工作能力，例如，我是否具有不可代替的作用；最后，知道什么时间适合提加薪。

如果你的工作比别人的工作更高效和优质，可以提加薪；你的工作难度系数高，别人做不了，可以申请加薪；当公司有重要的工作要你完成时，你可以谈加薪。

老板答不答应一个员工加薪的请求，衡量的几大标准就是：此员工是否高效，是否不可或缺，是否可以委以重任。申请加薪的员工要是具备其中任何一个硬指标，都会使自己提出要求的底气变强。

二、理由

上文说，员工张宁以物价飞涨为由让老板加薪，这个理由显然不符合职场加薪的要求。老板决定给一个员工更好的待遇，通常是看员工的重要性和合适性。

我们先以一个互联网企业为例谈员工的重要性。要是你供职于软件设计部门，提出加薪就比人力资源部门的同事更有说服力。因为你在公司的核心部门工作，公司的主要经济来源取决于你们，老板为了让一棵"摇钱树"努力工作，会给你更好的待遇。相反，有些部门在减员增效，那就不要再提加薪的事情了。

至于合适性，这是衡量一个员工发展潜力的重要标准，也是员工提出加薪的有力理由。例如，许多公司都有试用期，过了试用期的员工会转正，这就是合理的加薪时机。合适代表你能更快更好地完成公司交代的任务，老板也会通过加薪来鼓励你更好地工作。

三、谈判

有些员工认为有提出加薪的底气和理由就一定能成功，结果却无功而返。其中，一个主要原因就是缺少谈判方法。这里介绍几个适用性很强的方法。

1. 幽默

许多员工跟老板谈加薪的时候都会紧张，一些原本想好的条件，在与老板谈话时，会突然忘了。若是遇到领导的拒绝，甚至会惊慌失措。这时不如采用幽默的方法，让彼此能心平气和地谈问题。

李梅在一家私企已经工作四年了，工作期间勤奋认真，可是薪水一直没涨，她几次跟老板提出加薪都被老板拒绝了。后来，她想了一个办法。

"老板，您说，我要怎么努力才能符合加薪的要求啊？今年工资再不涨，我都没法送孩子去幼儿园了。"李梅笑着对老板说。

老板也笑了，并明确指出李梅需要提高的地方。

"老板，请允许我拿笔记一下。下次谈加薪，我一定保证达标。"

李梅说道。

李梅按照老板的要求开始工作，再谈加薪就取得了成功。

工作中，一些员工有一个错误的意识，就是努力等于优秀。其实，真正的优秀在于是否符合老板的要求，并能创造巨大的价值。因此，谈加薪的时候，我们要全方位考虑自己的条件，若实在想不出，用幽默的方式让老板给出答案。因为幽默与直接发问相比，少了责怪的意味，更能引起老板的谈话兴趣。如此一来，你有了前进的方向，就不会盲目地浪费时间。

2. 暗示

在一些轻松时刻，半开玩笑地向老板暗示，自己想要加薪了。此时，老板了解你的意愿，等你再去谈加薪的时候，可能会事半功倍。

3. 私下交谈

不要在公众场合跟老板谈加薪。若是老板只给你涨工资，却不提高其他员工的待遇，会影响他人的工作热情；若是不给你涨，其他员工会以你的工作能力做标尺，消极怠工。所以不要让老板进退两难，采用私下交谈的方法更容易成功。

4. 找主管谈

在所有的谈判技巧中，找准交谈对象是成功的前提。你的主管对你的工作能力、工作业绩最有发言权。此外，老板对他的信任度要远远高于你，让他代你向老板转达要求，比自己谈判成功的概率要高很多。

5. 意图明确

既然你已经决定提出加薪，就要鼓足勇气，用最清楚的方式表达出你的想法。若是你含蓄，使得老板不明白你的态度，可能会事倍功半。

6. 以退为进

有时候，我们不说加薪，而是说生活艰难，有可能会另谋出路，再与其他公司的待遇做个比对，让老板知道自己已经萌生去意。若老板还重视你的价值，可能会给你加薪。

一家快递公司的快递员小夏，送货及时、出错率低，但是老板就是不肯给他加薪。有一天单位聚餐，小夏的朋友来电话，他回话说："谢谢你要用年终奖请我吃饭，我们单位也聚餐呢，我暂时还不考虑跳槽到你们公司，怕不适应你们的工作环境。"

小夏说话的声音很小，但还是被老板听到了。第二天，老板找到小夏，要给他加薪。

当下的就业情况，给了员工很大的选择空间，造成了一些公司人员流失严重的现象，对企业造成很大的影响。小夏则以此为条件跟老板谈加薪，如果老板从利益角度考虑，大多会加薪留人。

7. 强调新技能的实用性

如果你有新的技能，在谈加薪的时候可以着重强调。但是一定要考虑好你的技能对公司的效用，如果没有帮助，是不可能得到回报的。

杨老师是一个文工团的芭蕾舞教师，有法国留学的背景。可是工作多年，单位也没有给他分房。于是，他找到团长，说："团长，我是全团唯一一个能用法语教学的老师，为什么每次分房都没有我的？"

"小杨，你教的学生里一个法国人都没有啊。"团长说。

小杨哑然失笑，心想难怪自己分不到房子，的确是所学无用。

这个案例告诉我们，如果你想要加薪，就应该按照公司需求去增加技能。若所学技能在公司里独一无二，提加薪则很容易成功。

关于申请加薪的说话技巧还有很多，这里不再列举。此外，申请加薪时还要考虑公司的经济效益、企业文化、上司性格等，才能让加薪一举成功。

第二章

与下属沟通：让下属心服口服

让"亲民"成为你的领导特色

许多商界精英认为，当下是员工个性化很强的时代，要想让他们对自己心服口服，只靠影响力、规章制度已经远远不够，必须采用亲和力拉近和员工的距离，才能更好地推动工作落实。例如，有些企业的领导，知识渊博、能力出众，在员工面前趾高气扬，百般挑剔，于是大家对其敬而远之。有的领导能力并不强，却得到了员工的认可和拥戴，大家会在其带领下主动推动工作的进展。究其原因，当下员工的个性化十分突出，为了让他们信服自己，领导必须要有亲和力。

在团队中，亲和力不仅表现为一种高尚的品德，还表现为一种处理事情的艺术。只有把二者相结合，才能促使员工之间相互团结，凝心聚力地干事业。例如，领导肯与员工同甘共苦、同舟共济，就会创造出"人和"的工作氛围。

一、养成亲和力的品德要素

一些管理学家认为：领导者想要提升亲和力，离不开对公心、诚心、爱心、恒心的培养。

1. 公心

公心就是指要对所有员工一视同仁，切不可任人唯亲，更不可对员工有偏见。此外，自己要以身作则，不可以公谋私。

> 一家小型装潢公司，老板的侄子负责联系客户，侄女负责采购，大姐负责财务，只有两名设计人员与老板没有亲属关系，所以有时候还要附带做联系客户和采购的工作。有一天，一名设计人员找老板报销路费，老板却不予理睬。

> "老板，采购不是我的任务，我既然替他做了，就应该有相应的待遇。"设计人员说。
>
> "采购要比设计轻松多了，你这已经算是偏得了。"老板说。
>
> "可是我今天没完成的工作量，明天还得补回来。您能算我加班吗？"设计人员说。
>
> 老板顿时哑口无言。

在任何一家公司，最能体现公心的地方就是利益公平。若是一时造成了利益不均，一定要给员工一个公道的说法，并且选择一种方式来补救。若是做不到，则无法取得员工的信任，此后再讲话就很难有说服力。

2. 诚心

诚心是指领导者要与员工坦诚相待。当员工有情况要汇报的时候，切不可找各种借口推三阻四，而是应该认真倾听员工的述说。当员工出现问题时，切不要以自己为标尺对其进行责备和刁难，而是应该想办法和员工一起解决问题。

> 北京的一家公司临时加班。员工小周找到老板说："老板，我表弟今晚来我家，我得先回去。"
>
> "大家都在加班，怎么就你特殊。"
>
> "不是我特殊，而是我表弟要出国，今晚亲戚都在我家欢送他。"
>
> "没有你送，他也一样登机。你回去工作吧，不必再说了。"
>
> 小周几经犹豫，便自主回家了。

在许多单位都有案例中的情况，公司临时加班影响了员工的原有计划。从道理上讲，公司的领导是该对员工满含歉意的，可是有许多领导者就是认为自己的事情最重要，甚至会拿自己心中的标尺来衡量员工的忠诚度。例如，有的领导者会说："我以前工作时，有比你更要紧的事，从没请过假。"究竟什么事要紧是因人而异的，所以老板要站在对方的立场，并拿出真诚的态度，才能说服员工为自己着想。否则，人心都是相互的，你拒绝他人，他人也未必一定会接受你。

3. 爱心

爱心就是要让员工感到温暖。这种关心不只是工作上的，还有生活、学习等方面的帮助。

> 有一年冷冬，沈阳音乐学院的许多学生都感冒了。院长考虑到学生们的健康情况，便给每个寝室赠送两箱红富士苹果。学生们因为受到感动，从而更加努力学习，在许多音乐比赛中都获得好名次，提高了学校的知名度。

职场与学院一样，领导若是对员工付出爱心，不仅能让大家觉得你有亲和力，还能激发员工的工作热情。此外，爱心是对员工多方面的保障，一个安心的员工才更可能提高工作效率。

4. 恒心

恒心是指领导抓工作的时候不可朝令夕改，执行任务时不可虎头蛇尾。领导若是这样，必然会给员工留下不可敬、不可信、能力差的印象。大家跟他一起共事心情往往很忐忑，又怎么可能听从他的话呢？为此，领导要有锲而不舍的精神和当机立断的魄力，这样才能让员工们的工作更顺利、更有效，从而对领导产生认同感。

二、使用亲和力化解矛盾

说完领导增长亲和力所需的内力，再来看如何用亲和力去缓和和化解员工们工作中的矛盾，并能使矛盾朝着积极的方向转化。

> 一家工艺品公司参加产品展销会，其展台位于七楼。员工小胡已经拿了三箱东西，可会计还让他再拿一箱，想要一下搬完这些物品。
>
> 小胡很生气，心想，你虽然是会计，但也是员工，为什么一点力

都不出？于是他故意晃了一下，摔碎了一箱产品。

"小胡，你会不会干活？"会计责问道。

"我手臂长度有限，你就不能帮忙搬一箱，装什么监工。"小胡说道。

"你看我回去不扣你工资。"会计说道。

"你没有那个权力，我们找老板理论一下。"小胡说道。

老板听到他们的争吵声便走了过来，问道："怎么回事？"

"老板，我都搬三箱东西了。他还给我往上加，于是没控制住……"小胡说。

"这事你要怪就怪我吧，是我布展人员带得太少，会计又怕被别人撞到，才想一次性全搬上去，因此出现这种情况。中午我请你们吃大餐，感谢你们费心费力。"

员工弄坏了产品，对于许多管理者来说，都会进行批评。可是案例中的老板却没有，而是先听小胡解释，小胡说完理由后，老板也没责怪会计，而是把责任揽到了自己的头上。就事实来说，会计和小胡的确是费心费力了，可是事情有点强人所难。老板这样一说，不仅能化解小胡和会计的矛盾，还能让员工看到自己的宽宏大量，以后二人在一起工作，就很难再因为矛盾而影响工作。

可见，亲和力是领导用来团结员工的凝固剂，也是推动员工进步的催化剂。尤其在当下，沟通对人们的成功越来越重要，领导者一定要全面提升亲和力，才会对员工更具影响力。

少下命令，多与下属讨论商议

在职场上，上司会经常下命令，并对一些员工的执行结果大发雷霆，其实他在事先就应该多与下属讨论商议，再下命令，否则很容易出现说不清楚或下错命令的情况。下属若是因为你的错误决定而受到斥责，必然会产生逆反情绪，这样会对工作产生十分不利的影响。

我们来看一个说话不清楚，又下错命令的案例，并通过它来分析老板该如何跟员工沟通，不仅能让员工信服，还能让员工把工作做好。

> 第二次世界大战期间，国民党远征军在杜聿明的指挥下进入缅甸，协助英、美与日军作战。因为多方面原因，被日军打得节节败退。
>
> 指挥官杜聿明给38师师长孙立人打电话，说："我现在命令你率领部队掩护大部队向野人山方向撤退。"
>
> "你可知道野人山是什么地方？"孙立人问。
>
> "不知道。"杜聿明说。
>
> "那是三国时孟获打败诸葛亮的地方，而且里面有毒蛇和瘴气。"孙立人说。
>
> "我们有大炮和机枪，很快就会走出去的。"杜聿明说。
>
> "武器怎么可能抵挡得住瘴气呢？"孙立人反问。
>
> "难道你想抗命吗？"杜聿明生气地说道。
>
> "不是，盟军总司令命令我掩护英军向印度方向撤退。"孙立人挂断电话。

孙立人为什么会抗命？就命令是否清楚来看，杜聿明没向孙立人交代做掩护的时间、地点、战术、任务完成的程度，下属就不知道该如何去做；再从命令的错误性上来看，孙立人已经很明确地告诉杜聿明野人山里有毒蛇和瘴气，可是他就是不听。既然上司都不在乎部下的性命，部下也就很难听从上司的指挥了。

有些管理者说，我的命令清楚、准确，但是下属就是无法执行到位，不知是何原因。其实工作不只是把任务布置好就可以放任不管，工作过程中还需要听员工的反馈，并及时与其沟通，因为你不知道员工在面对具体任务时心里是怎么想的。要是员工认为自己的办法更好，你的方法不奏效，他不仅会轻视你的指挥，还会在执行任务的过程中尝试采用自己的方法，一旦出错，就会给公司造成一定损失。还有一种情况也很糟糕，就是下属认为自己做的事更重要。例如，领导认为出席会议，发言稿最重要，而秘书却认为服饰最重要，此时，秘书就会颠倒工作顺序，然而这些问题都可以靠与下属商讨来解决。下面我们就来看看，这种情况下可运用的说服技巧。

一、明确员工的期望

每位员工对自己的工作岗位都有不同的理解和期望。老板应该抽出时间跟员工交流，让员工说出其对工作的看法，以及想要达到的标准。在这个基础上，再用自己的期望跟员工的期望做对比，能够给员工提出明确而客观的要求，可更有效地促进员工工作效率的提高。

二、让员工真正明白

上司下达命令后，员工却不懂的事情在职场中经常发生。主要原因就在于有些老板下达的命令不具体，而且不可能每一个员工都能猜出你的心思，进而无法把事情做好。

在职场中，许多员工因为工作时间、反应速度等原因，很难马上领会老板的意图。为了防止这种现象发生，老板应该把给员工安排的工作列表，等他熟悉了工作流程和老板的说话习惯后，再提出要求，他就知道该怎么去做了。

三、重视员工的想法

著名企业家任正非说："要让上过战场的人做决策。"员工相当于战士，对工作的实际情况最了解，所以知道采用什么办法对公司的发展最好。因此上司若关注员工的想法，解决问题可能更高效。

四、引导员工提意见

许多员工不敢给上司提意见，上司则很难知道公司的问题究竟有哪些。因此，上司要主动引导员工提意见，并认真参考，而且上司对员工的态度能促使员工更积极地工作。

五、向员工说明利弊

上司告诉下属工作方法时，不要只是停留在方法内容上，而是要告诉他方法能够带来的好处，还有违背方法会出现的问题。

六、先讨论再下命令

下属在执行命令以前，上司是否跟他们商量过了，给下属的感受是不一样的。上司如果参考了下属的意见，下属执行任务时就会有参与感；上司如果直接下命令，下属就会为了完成任务而机械地工作，这样很难发挥出创造力。

> 小军是一家企业的生产主管。有一天，老板接到了一份大订单，找小军和几位资深的技术人员商议如何能更快更好地完成这份订单。
>
> 当时，大家手里的工作已经很满了。老板没有说自己对工作的要求，而是说这份订单对提高大家的待遇来说很重要，希望大家拿出更好的办法来，最后这些员工合力做出几套方案。因为他们知道这不是在接受任务，而是在彰显自己的智慧和能力。

可见，上司安排下属去做事，多用一些商量的语气，能让下属看到你对他们的尊重，他们就会全力以赴地去工作。否则，单纯增加员工的工作量，使得他们很不情愿，其工作效率自然不会高。

七、善用沟通工具

管理者可以用微信、微博等网络媒体与员工进行沟通。在这些软件上，管理者能够对员工有更全面的了解，从而保证命令下得更正确。

> 员工小高在微信朋友圈发了一条信息："与其稳定不变地受穷，不如破釜沉舟。"
>
> 老板看到以后，原本想让正在休假的小高马上回来上班，最后选择让小高继续休假。

　　从小高的微信中可以看出，他的工资不高，而且很久没有加薪，所以满肚子怨气，想要重新找出路。老板面对这种情绪的小高，再让他损失假期回来加班，恐怕行不通。而老板完全可以给小高留言，问他是怎么想的。沟通之后，工作将更好安排。

　　在很多情况下，员工是不会主动和领导进行沟通的，领导很难了解员工的真实想法，因此下达的命令可能使员工产生负面情绪。为了防止此类情况出现，上司要多与下属沟通，接纳正确的建议，这样员工才会更积极地工作。

话语激励，让下属干劲十足

　　人们常说，态度决定高度，员工的工作效率也是如此。心情好的时候，干劲十足，工作完成得也快；心情差的时候，消极怠工，工作进展也慢。为了让员工有昂扬的斗志，一些企业的管理者采用话语激励的方式来给员工打气。至于话语激励有多大威力，据一家知名公司调查，在软性工作环境方面，大多数员工都希望领导能给下属鼓励和认可。

　　但是，在职场中，大家经常能见到一副冷漠的场景。例如，许多员工无论做出了什么样的成绩，老板不过是"嗯"一声或者说一声"可以"，便草草了事。要是员工做错一件事，老板指责的话则非常多。最后员工形成了这样一种心态——我才懒得猜测领导怎么想的，他说啥是啥，没事我就闲着，反正再努力也得不到表扬。

　　简而言之，激励决定了一个员工的上限，指责却使一个员工变得平庸或懒散，这对需要员工发挥创造力的企业来说，伤害最大。

> 　　小何到一家国际知名整形公司工作，有一天，领导因装修的事情找到她。

> "小何啊，你的简历上写着你学过美术，对装潢懂不懂啊？"领导问。
>
> "是啊，学过一年室内设计，但是学艺不算精。"小何回答道。
>
> "给我们画个效果图能做到吗？"老板又问道。
>
> "应该可以，但就怕做不好。"小何说道。
>
> "别怕，全公司就你最适合干这活，有什么创意无需向我请示。"老板说道。
>
> 小何顿时产生了一种自豪感，最后效果图画得很好，装修后的效果也得到了老板的认可。

鼓励是对一个人能力的认可，而放权可以使他竭尽所能地发挥。如此，员工才能爆发出全部的潜力。尤其是一些领导并不熟知的事情，对员工更应该鼓励，而不是过多地要求和挑剔。因为你的一无所知，很可能影响事情的顺利进行。

可见，对下属进行鼓励是一项很高明的管理技巧，跟物质奖励相比，它的成本更低。此外，人的情绪是可以传染的，一个员工的积极态度会使公司的工作氛围变得更加良好。

但是，鼓励并非只是说几句漂亮话，它需要遵循一些原则。下面，我们就来看看这些原则。

一、不可失去真诚

激励对提高员工干劲来说一定是有用的。但是激励缺少了真诚，时间久了，不仅会失去效力，还会造成一些坏的影响。

> 小黄大学毕业后到一家报社去面试，主编告诉他薪水只有3500元，但是在主编的鼓励下他仍然选择了入职。
>
> "薪水有两种方式，一种是底薪高，提成低；一种是提成高，底薪低。通常情况下，像你这样精壮的小伙子会选择第二种。"主编说。

> "我就选第二种吧，多写还能得到锻炼。"
>
> "年轻人有这种想法，什么事都能干好。"主编激励他说。
>
> 可是小黄干了三个月却没赚到什么钱。于是他去找主编，说道："这三个月我写的稿子很多，但是并没有赚到钱，所以我想选择底薪高的工作。"
>
> "小黄啊，你既然要干这行，我以为你知道，报业是要靠拉广告赞助商赚提成的，写稿根本就赚不了多少。"
>
> "主编，怪我对这行了解不多。"小黄说完，离开了主编的办公室。
>
> 后来，他去了一家网络公司。老板没有一句鼓励，而是说："你写不出东西，我就陪你挨饿。"
>
> 小黄听到新老板的话，心里却感到无比踏实。

员工若是很努力也无法实现老板定下的目标，就会对老板的鼓励产生怀疑。若是老板给出的答案跟其最初说的不一致，这无异于欺骗行为。此时，员工已经不再信任你，再给出鼓励，对方也会认为是假话。

二、不可自以为是

自以为是的鼓励对员工的伤害不次于指责。大家都听过"捧杀"这个词，有些事领导不懂，再对员工称赞，会形成一种误导。若是后果再由员工承担，领导的话语就再也别想有说服力了。

> 一家广告公司的办公室内，老板对着新员工小张怒吼道："你这策划案写得毫无新意，你是不是在糊弄我。"
>
> "老板，您上周出差，让我把策划案给艺术总监看，他说条理清晰，我才上交的。"
>
> "总监那么忙，就只能看条理，有没有新意你自己心里没数吗？"老板问道。

> "我是新员工，对公司策划案的风格还不是很了解。"小张说。
>
> 从此以后，小张很少向艺术总监请教策划案的写法。

艺术总监只看策划案条理的原因不只是老板说的那样，他很忙，还因为他对策划案并不了解。在职场上，隔行如隔山，随意跨行进行指导容易给他人造成误导。

三、不必先扬后抑

一些管理者在批评员工之前会先对其鼓励一番。久而久之，员工一听见鼓励就想到了批评，这种鼓励也就没有什么价值了，还会给员工留下负面的印象。

管理者都知道激励的重要性，但是要想做到有效激励下属还需要一个转变理念的过程。很多管理者一直接受的就是批评管理的方式，并认为这是对下属的负责。但是就像人们说的那样，好员工是夸出来的。我们再来看看，哪些话语可以激发员工的干劲：

"做得很好，你就放手一搏吧！"

"你一定还有更多的点子可以用。"

"事情已经做到了尽善尽美，我看好你。"

"有损失我来担，你就尽力去做吧！"

……

能够鼓励员工的话还有很多，上司运用的时候，还要针对不同的情况进行调整，必然会对员工产生巨大的作用。此外，激励也是领导拉近自己和员工距离的良好方式，领导们不可忽视。

当众表扬，给下属面子和荣耀

一些管理学家认为，当众表扬员工的作用要远远大于私下表扬，因为每个人都希望在众人面前有面子和荣耀。当众表扬正符合了人们的这种心理需求。当众受到表扬的员工，不仅能极大地提升自身工作的积极性，还能带动其他员工努力工作。再从长远的角度来看，对于被公开赞扬的员工，其他员工会把他当成公司的标杆，这对他来说是一种无形的监督，为了保持公众的认可度，必然会继续保持自己的良好状态。可见，当众表扬员工会对员工形成一种巨大的推动力，促使其不断提高对自己的要求。

但是，有些管理者认为当众表扬不可取，原因有两点：一是容易让被赞赏者产生骄傲自满的情绪；二是容易引起其他员工的嫉妒之心，不利于员工之间的和谐相处。其实，那是因为有的管理者不懂当众赞美的原则，才会起到反作用。下面，我们就来看看这些原则。

一、客观得体

所谓客观是指领导要放下个人的喜好或偏见，看待员工要客观。得体是指语言运用要得体，不可对员工过誉，更不可抬高一位员工而贬低其他员工，这必然会造成很多员工的不满。

> 小白经营着一家美术辅导班，为了提高辅导班的声誉，他找来美术学院的朋友李凯来教素描。李凯看到其他教师的范画后，说："你们画室的高手真多。"
>
> "别恭维我了，你一出手，他们都会佩服。"小白当着其他老师的面说。
>
> 当李凯的范画挂到墙上以后，几位老师认为不过如此。

"武无第二，文无第一"的道理谁都知道，所以上司不要拿自己的喜好当众夸赞员工。这不仅会让其他员工产生嫉妒，而且对被表扬的员工也没有好处。被捧高的员工会感到不安，此后在工作中还会遭到同事的排斥。在上述案例中，老板贬低其他员工的行为，会引起其他员工的猜疑，例如，怀疑老板不赏识自己。员工有了这种怀疑是很难努力工作的，尤其是老员工，会怀疑自己以往努力的意义，从而变得消极。

案例中的老板完全可以用一种客观得体的方式来表示对朋友的佩服，比如他说："我们画室的老师各有千秋，但你的技能不可或缺。"不仅夸赞了其他员工，也表扬了李凯的能力，更有利于李凯日后的工作。

二、公平公正

当众表扬员工一定要公平、公正。把表扬给予员工，就像给员工一定的物质奖励，必须公平。但是一些管理者被偏见和自私所束缚，对自己看好的员工极力夸奖，其他员工就算有成绩也视而不见，甚至把大家的功劳归为一个员工的个人作用，必然会引起其他员工的不满。为了避免这种情况发生，管理者必须做好以下几点：一是称赞自己并不喜欢的员工；二是称赞个人能力强的员工时，不要忘了其他员工的辅助作用。

三、及时

赞美是老板对员工劳动成果的一种反馈。许多员工完成工作后，希望马上了解自己的工作成绩，老板反馈的好消息和赞美会让员工信心倍增，并一如既往地努力。若是赞美超过了员工期望的时间，以致员工和他的同事都不再关注此事，此时当面表扬的作用就会弱化。

四、用心

要让赞美发挥最大的作用，不用心是不行的。例如，一些企业的管理者并不了解自己的员工，夸奖的话语是公式化的"潜力无限，年轻有为""你很棒"等。在这样的话语里，员工看不到自己真实和独特的价值，很难被感动。员工希望上司的赞美是经过仔细思考的。如果管理者不用心则很难表现出真诚，激励的作用就无从谈起。

一家报社的聚会上，领导当众表扬员工小杨，不仅说他文笔好，还指出他有一篇叫《余地》的文章写得幽默诙谐，有鲁迅的风格。

小杨心想，老板对我如此关注和认可，我以后一定要写出更多的好文章。

案例中的老板不仅能记住小杨所写文章的名字，还能说出文风。小杨自然能感觉出老板对自己的关注，从而对自己提出更高的要求。因此言之有物的赞美远胜于恭维。尤其对于老员工，恭维的话他们听得太多了，早就具备"免疫力"了，领导若是能把他的优点说得更具体，说服的效果会比说套话好很多。

五、感谢

在一些企业中，无论员工把本职工作做得多好，就是无法得到老板的赞赏。主要原因就是老板对员工辛勤的劳动行为缺少感谢，并认为把工作做好是员工的职责。其实，感谢是最能表达诚意的赞美，员工能从中看出老板对自己工作态度的认可。如果老板半句感谢和表扬的话都没有，一些员工就会有这种想法：做到什么程度都无所谓，那就混个及格吧！最终，员工失去了工作热情，工作完成的效果也会下降。

六、了解

有些管理者对员工的工作性质并不了解，夸赞时很难深入人心，因此有必要了解员工的工作性质、专业术语、艰难程度等。此时，夸赞不仅会激励员工，还能引起其他员工的共鸣，从而促使员工工作的积极性有所提高。

七、补充

领导若是担心过多的鼓励会造成员工的骄傲自满，可以从进步的角度对其进行当面表扬，并提出自己的期望。这不仅是对一名员工的要求，也是对所有员工的要求。

当众表扬对员工可以起到引导、促进和鼓励的作用，受到表扬的员工不仅自己的工作会有良性循环，也会带动其他员工的快速发展。领导善于运用当众表扬，既能让表扬成为员工衡量能力的标尺，也可作为员工进步快慢的参照。对新员工来说，只要其有进步，领导就应该当众进行肯定和表扬，以促使其再接再厉，并为其他新员工指出前进的方向。一位擅长表扬的管理者，往往会采用多种方法来赞扬员工的优点和长处，并通过表扬挖掘出员工的最大潜力。

私下批评，下属更愿接受

说起批评，可能每个人都经历过。尤其在职场，员工被领导批评可以说是家常便饭，有些领导甚至专门在会议上批评员工，一是为了展示自己的权威性，二是希望员工对错误的记忆更加深刻。可是从员工的角度来看，这是很伤自尊的事情。因为员工想的不是要吸取什么教训，而是我以后该如何面对同事，其他同事会因为该员工被批评而想到下一个被批评的是否会是自己。从此以后，大家都会感到恐慌，在工作上不敢大胆创新，企业的活力就会减弱。因此，我建议上司对下属的批评要放在私下层面进行。

除此之外，若是领导的批评过重或是错误地进行了批评，轻则打击士气，重则会让员工怀疑上司的领导能力。员工若是怀疑上司，很可能会萌生跳槽的想法。所以批评放在私下，其作用会更好。若是再能结合一些技巧，既能提醒员工，还能让员工对你心存感激。

一、间接提醒

有些员工因领导的公开批评而恼羞成怒，进而与领导进行正面争辩，使现场的气氛十分紧张。若是领导被员工说得哑口无言，还可能遭到其他员工的轻视，从而影响其领导力。为了不出现这样的场面，上司完全可以在私下里间接提醒员工，同样也能够实现批评的效果。

> 一家知名公司举办一场大型活动，邀请了许多业内的专家。可是负责策划的秘书犯了一个错误——居然没把写有专家姓名的卡片带到会场，再有20分钟会议就召开了，回去取显然已经来不及了。恰巧会议召开的前一天，最后离开公司的老板看到了放在办公室桌子上的卡片，于是把这些卡片放进汽车后备厢，第二天带到了会场。秘书正万般无奈的时候，老板把卡片递过去，笑着对他说："我现在是你的助理了，下次可不要疏忽了。"

> 从此以后，该秘书再也没有过此类疏忽，并在以后的工作中为公司策划了几场具有影响力的活动，帮企业找到了更多的合作伙伴。

智者千虑必有一失，员工出错在所难免，领导批评时未必要针锋相对才会有效果。案例中的秘书要策划一场大型活动，有很多事情要兼顾，忘记卡片也算情有可原。这位老板面对此事一笑而过，这是很多老板都不会采取的态度，而且这位老板的态度比批评给秘书留下的印象更为深刻，更能促进其认真地工作。可见，上司批评员工最好不要选择大庭广众的场合，也不必针锋相对。

二、留有余地

艺术上把余地叫"留白"，需要欣赏者靠联想、想象去理解它可能代表的内容。领导对员工进行批评也该留有余地，并选择有利于员工独自反思的环境。例如，老板在他人面前批评员工："你怎么连这点小事也做不好，我怎么能把任务交给你呢？"此时，员工可能会觉得领导不会再重视自己，进而带着应付差事的情绪做事。领导要私下对此员工进行提醒："莫以善小而不为。"员工也能想到自己可能是出错了，从而努力把事情做好，以后面对一些细小的事情也很难掉以轻心。

三、先关心，后批评

领导与员工进行私下谈话的时候，也不要认为可以随心所欲地对其进行批评。如果员工有了逆反情绪，就会表面点头称是，实则并不接受。反之，如果先给员工一些鼓励，就算员工知道自己可能被批评，但是对自己的心理暗示是，老板不会很严厉，自己能虚心接受。例如，员工工作没有完成，老板直接对他说："我怀疑你的工作能力。"员工听后，会认为领导要弃用自己。反之，领导可以说："你的工作速度一向是很快的，这次没完成，是不是身体不好，还是有其他事情，我很关注这件事情。"待员工说出原因以后，老板再与其沟通解决的方法。这样的批评方式既不会让员工感到紧张，还能体现出上司对员工的关心。

四、注重时间限制

有些领导对员工进行私下批评的时候不注重时间限制，批评的效果很难实现。例如，领导对员工说："你下班来我办公室一趟。"员工若是要接孩子，则不会给领导的批评做出任何反馈，甚至连批评的内容也会忘记大半，这样的对话就没有任何意义了。

五、淡化错误

有些员工所犯的错误很明显，他自己已经十分自责了，因预感到会被批评而万分紧张。面对此种情况，上司可以进行一些淡化处理，可以说："若把我换成你，也未必就不出错，但是下次要小心。"员工得到谅解后，会对上司心存感激，对工作也产生积极的影响。

六、不要传话

上司就算对员工进行私下批评，也不要说自己批评的内容是其他员工说的。因为了解员工的工作能力和态度是一个主管的职责，传话不仅会破坏员工之间的团结，还会被员工怀疑管理能力。

七、说话有条理

上司批评员工时，说话也应重点突出，而且要了解员工犯错误的细节，不要让员工认为上司只是心情不好，才对员工进行批评。有条理性的批评会让员工心服口服。但是有了条理性，也不要像做工作报告一样逐条宣读。彼此是私下交谈，冗长的谈话会让员工心生反感。

可见，批评也是一门很重要的说服技巧。对领导者来说，切忌任意批评员工，同时选择私下的场合，再辅以合适的谈话方法，才能促使企业效益的提高。反之，不好的方法，会让企业的发展受阻。此外，有些员工的错误是由领导的指挥造成的，若是直接批评员工，会让员工觉得上司缺少担当，在今后的工作中，就有可能拖延工作。因此在企业里，领导者就算批评员工也要让员工看到自己的人格魅力，这样企业才能更和谐地发展。

3

与同级同事沟通：
让同事刮目相看

幽默轻松，博得同事好感

在公司里，能够博得同事好感的员工，便可获得比他人更多的帮助。究竟该如何用语言来获得大家的欢迎呢？有人说可以用幽默轻松的说话方式。若是我们用幽默轻松的话语去化解他人的困难，对方既会高兴，又不会有压力，以后必然愿意与你共事；若是我们用幽默的方式去化解因同事而引起的愤怒，对方会认为你很大度，从而愿意与你亲近；若是我们的幽默还极具个人风格，对同事来说将有更大的吸引力。

> 又到了发薪水的日子，小赵的工资卡上的金额居然未动，这要是换了其他同事早就十分着急或破口大骂了，可他认为可能是会计小范输入卡号的时候出了错，否则不可能出现这样的事。于是找到会计，说："小范，这个月又有扣我工资的地方吗？"
>
> "没有啊，怎么了？"会计小范说。
>
> "我就说不可能扣到连基本工资都没有了。"小赵说。
>
> "我给你查查，"小范打开电脑，"都怪我，你的卡号多输入一个0，我这就给你补发。"

对会计来说，偶尔犯错是在所避免的，所以小赵先考虑事情出现的原因，也没有把事情看得非常严重，还用轻松幽默的方式解决了问题，并让会计看到了自己的大度和风趣。这远比对同事的谩骂更有利于解决问题。此外，他还以幽默的方式把一件会让对方满怀歉意的事变得很愉快，这正是幽默产生的巨大作用。

但是幽默不是一个人就能产生的，它还要求对方也是一个懂幽默的人。否则不仅无法给自己带来好处，还会造成彼此之间的误会。此外，还要看和同事之间关系的远近。

> 小红就要跟其他公司的主管结婚了，经常一起上下班的男同事小马打趣说："真是距离产生美，要不你怎么能忽视我这么优秀的人才啊！"小红听到后开心地笑了。

小红没有反感小马的幽默，就在于她是一个懂幽默的人。她在小马的话语中听出了欣赏和友谊，小马相当于间接夸奖小红很优秀，没选自己的原因是彼此太熟悉，一句幽默话语拉近了同事之间的距离，有利于他们以后更好地合作。

以上是把同事的范围放在一个公司之内，但是在讲求跨界合作的今天，合作方也可以称为同事。如果合作双方能在沟通时巧妙地使用幽默，这样对双方工作的顺利进行都会有所帮助。

> 著名作家海明威为一家出版社写小说，却迟迟没有完稿。出版社的相关负责人打了几次电话催促，还是无果，只好以最后通牒的方式打电话给海明威："亲爱的海明威先生，如果过了今天我们还拿不到书稿，我就会找到你，打伤你的鼻子，把你踢下楼去，我可是言出必行的。"
> 海明威回话说："如果写作也能像搏击一样手脚并用，我不会违背约定，还可能提前交稿。"

合作关系跟真正的同事关系相比，可以幽默的地方很少，主要是合作的事项、语言应该站在平等、公正的角度去协商或提意见，就算有分歧也应该幽默委婉地提出来，以免伤了和气。若是能通过幽默的方式得到对方的理解和支持，可称为最高明的说服办法。海明威的幽默就很有可能为自己争取到更多的时间。

还有一些场合，就算自己十分生气，但是依旧要幽默地去解决问题。例如，有些事情离开你的同事就无法完成，就算你指出他的不足，也该幽默地去照顾他的脸面，这样以后的合作才会顺畅。

> 　　一所高校举行迎新生大会，作曲系的学生张毅给自己写了首歌，准备在迎新大会上献唱，于是他找到好友晓峰给他进行钢琴伴奏。
>
> 　　晚会上，钢琴声经常跟演唱声不合拍，因此张毅几次向晓峰暗示，可是晓峰完全不理会。
>
> 　　张毅唱完以后，跟晓峰说："我们今天的合作居然有了影视中的间离效果，完全出乎意料。"
>
> 　　以后二人再合作，晓峰会根据张毅演唱的速度去弹琴。

歌唱者与演奏者若是不能配合一致，就会互相干扰。案例中的张毅没有直接指出晓峰的错误，而是说他们的合作出现了间离效果。晓峰当然能明白张毅的不满，可对方采用了幽默提醒的方式，给自己留足了面子，以后再合作必然会做出改善。再从二人长期的合作关系来看，用幽默化解矛盾还能避免彼此间因积怨造成的友情破裂。

在当今的职场，同事之间的配合越来越密切，所以要学会幽默提醒的方式。这样不仅能获得同事的好感，并且在工作受阻的情况下，也能得到同事的援手。如此一来，你以幽默的方式为自己的工作减轻了压力，同时也给同事带来了更多益处。

和气处理分歧，减少冲突

工作中，同事之间由于一些分歧产生冲突在所难免，可是许多人会采用据理力争或冷战的方式处理。由于二者都没有采用和气的处理方式，久而久之，会造成二者之间积怨过重，就好像在他们之间放了一颗定时炸弹，一旦爆炸，都有损伤。许多人说，我也很想和气处理分歧，但不明白对方为什么会突然发火，求他原谅的话就是说不出口。那我们先来分析造成分歧的原因，再说说可以和气处理的办法。

每个人面对同一件事的时候，都会从自己的角度来制定自己专属的"剧本"。在我们的"剧本"中，自己所做的一切都是有理由和难言之隐的。而他人的违背和质疑，对我们来说是缺乏宽容的表现，甚至是无中生有、故意挑衅。

王宇和李聪是同一个寝室的室友，王宇习惯健身和早睡早起，李聪却经常熬夜玩游戏，因此灯光和敲击键盘的声音让王宇很生气。为此，王宇经常给李聪脸色看，而李聪并没有因此而收敛，有时反而故意用力敲击键盘。

王宇心想，我健身、早睡是为了身体好、精神足，好应付第二天的事情，而李聪每晚就知道玩。这件事已经不只是我跟他生活习惯不同，而是意味着李聪懒惰、不求上进，还很自私。

李聪心想，我白天不是工作，就是接受培训，压力太大了，所以要在晚上放松一下。其他同事也大多如此，更何况自己有时候也在学习。而王宇早睡是因为健身劳累，早起早睡得太多了。王宇每天一大早都会把自己吵醒，自己都没说什么，偏偏对方还给自己脸色，所以李聪认为这件事不只是二人生活习惯的问题，更意味着王宇是以个人利益为中心，而且缺少利他之心的人，否则何至于给人脸色。

后来两人发生了激烈的争吵，都说出了心中的想法，但是彼此都觉得对方是在歪曲事实，而且人品有问题。

人际沟通中的许多冲突就像案例中的两个人一样，他们因为立场不

同，对同一件事幻想出了两个版本，而且都认为自己是只对事不对人。其实，太多的冲突都是对人不对事。我们对他人认知不全面或情绪化，就很难和气地处理问题，甚至会激化矛盾。

我们既然知道了冲突产生的主要原因，就要从化解这个冲突入手，最简单的办法，就是给自己要表达的话语做一些铺垫，以减轻话语的绝对性。例如，李聪可以对王宇说："我知道你希望我早睡可能是为了我好，但是总是感觉你在干扰我的生活，希望我说的话你能谅解。"

这种铺垫就好像给人打预防针，因为一些敏感的话题很可能会让对方火冒三丈。但是先说自己的话只是个人感受，就好比影视剧开头说"本片纯属虚构"，因此很多人就不会细究，也降低了对方反击的可能性。

随后，你会发现冲突双方的沟通重点都会发生变化。对方在意的重点是他可能说的只是猜测，前者该想对方对我的感觉是什么样子的。最后，王宇指责的语气变弱了，李聪可能会说："这是个误会，你怎么不早说。"

人受到无端的指责会突然大怒，若是王宇点燃了李聪的怒火，他就会在情绪失控的状态下反唇相讥。而事先做好铺垫，不仅能表达自己的立场，还能给对方解释的时间。这样彼此还能持续对话，甚至一起研究一个折中的办法。

可见，铺垫可以从人的情绪和想法做切入，让双方都做出理性的分析，最终达到对事不对人的效果。

在使用铺垫法的时候，有些人会对自己的感受有所保留，目的是防止引起对方发怒，但是这不能彻底地解决问题。大家在使用的时候一定要把自己心中的想法清楚、准确地表达出来，对方才会"有则改之，无则加勉"，这才是沟通的最终目的。

下面，我们再来看看铺垫法除了可以从感受做切入，还可以加入哪些因素来使双方的谈话更加和气。

> 工厂内，A员工对B员工大发雷霆，说道："我让你把电闸关了，你就去关，别问为什么。"
>
> "我这不是担心影响你工作才问的，你有什么资格命令我。"B员工说道。
>
> "我的机床温度突然大增，没有时间跟你解释。"A员工说道。
>
> "我不知道你的情况，只知道擅自拉电闸属于失职。"B员工说道。

工作中有些人中规中矩，完全不管事情的紧急性。当你跟他理论时，他会拿工作职责做论据，可是工作中的对与错是要看实际情况的。例如，煤矿工人会听维修工的命令，大家虽然地位平等，但是维修工说的话关系重大。可见，案例中B员工显然是不对的。为了平息对方的怒火，他可以说："都怪我这个人过于认真，险些伤害到你，以后一定改正。"

一个人只有先认识到自己的错误，在冲突面前才不会理直气壮，对方也才能心平气和地听他解释，甚至会对其提出一些很有帮助的建议，毕竟这个人都承认错误了。

认识错误的原因有很多，例如，特殊情况、偏见等，在处理分歧的时候，都可以拿出来做铺垫。有了好的开头，沟通的过程中也要和气地处理。化解分歧的目的不只是为了获得对方的原谅，而是找出办法使彼此更好地相处，同时也能让双方改掉自身的不足之处。

巧沟通，让误会烟消云散

工作中，发生误会的事情很常见。有些当事人却说："我也没说什么，你怎么就生气了呢？"俗话说，说者无心，听者有意。也许你的一句话就是他最不愿意听到的。有时候，我们明明谁也没说，还可能被误会呢。例如，有人在微信朋友圈发一条信息，就莫名得罪了好几个人，因为有些人会"对号入座"。

为了防止上述情况出现，有人选择沉默，但是在职场中，有时必须通过沟通去解决误会，因为误会有时比冲突更伤人。例如，你本来没生气，言语也没恶意，但不知什么时候就把对方得罪了，从而被对方疏远。这岂不是自找麻烦？

管理学家把常见的被误会的情景分为四种。我们先看看这四种情景，再从人性的角度去分析，该如何和他人巧妙地沟通。

一、本是随意一说，别人听起来却是蔑视

俗话说，矮人面前不说短话。有时候，我们不过是阐述了一个事实，但是其中一些字眼涉及对方的不足，对方就有可能敏感地想，你在轻视他，轻则不欢而散，重则反唇相讥。这完全是在惹闲气，且破坏了彼此之间的感情。

> 篮球场上，李阳让小超防守对方速度很快的小个子队员。小超说："老李，你是真了解我的能力啊。在这个球场，我从1.9米到1.6米之间的，我都防守过。"
>
> "说谁1.6米呢？"对方的小个球员很生气。
>
> "我只是说能防守小个子的，又没说你。"

有时，我们说的话并没有特指谁，但是在一些场合，在一些人面前，就是容易造成误会。小超要是不在球场上说这句话，对方又不是小个子，可能对方并不会在意。只是他没有留意这些，才会一不小心，开罪他人。

除此之外，对方就算知道你没有说他，但是你的话让人听起来很不舒服，对方也会对你敬而远之。在公司，经常有一种人因说话讨厌而形单影只，并很难把工作做好。因此，一定要避免成为这样的人。

二、本是关心，别人听起来却是品头论足

关于品头论足的话大家经常听到。例如，"你这人怎么那么不自信啊？""你怎么就不能穿得时尚一点？"也许他只是想表示一下关心。但是每个人都有自己的性格和审美观，你突然指出别人的不足，别人就很难接受，还会觉得你是在品头论足，对他不认可。

尤其是在同事之间，你拿出类似法官的口吻，就算你想表达对他的关心和赞美，也会让对方觉得你自以为是。例如，你的同事很出色，得到了老板的嘉奖。你说"你真棒"，对方很自然就接受了。要是你拿出评价的口吻，并拍拍对方的肩膀说："干得不错。"对方一定会感觉很怪，毕竟你不是领导，说这样的语言很不合适。

当我们评价他人的时候，无论是赞赏还是批评，都好像在向对方暗示，我比你地位高或我能力比你强。这样在与同事沟通时，无形中就会得罪人。所以，最好不要对他人品头论足，这样将有利于建立友好的同事关系。

三、本是安慰，别人听起来却是冷漠

冷漠的表现就是不关心，可是许多人本是关心，可是言语中却流露出一种不在乎的情感，对方听到后会很反感。比如，你考试失败，安慰你的人说道："考试无常，不必放在心上。"你遭遇意外，对方说："人生不如意十之八九，都会过去的。"

明明是别人无比在乎的事情，可是你一再降低它的重要性，自以为是在安慰对方，但当事人听起来，你好像只是在说风凉话。因为很多事他人是很难感同身受的，说的话也很难说到对方心里去。如果你一直说下去，可能会让对方心烦。

又比如，在一家新公司里，新加入的成员可能不懂工作流程，出现了一些低级错误，这时老员工满怀善意地说："这都不算什么，我一开始跟你一样。"

如果新加入的员工是一个有经验的人，这就是在否定他以前的工作能

力。若是新员工向他寻求帮助，他说："别着急，本事只有自己琢磨出来，才能更好地运用。"本是关心，但是让人听上去，却有一种袖手旁观的感觉。

四、本是礼貌，别人听起来却是别有用心

当下，许多人把别有用心称为"玩套路"。有一些标志性的语言，例如，"在吗？""你忙吗？"相信大多数人看到这样的语言都会头皮发麻，实在不想理睬，因为他随后就有可能求你办事。

当然，有些人说这样的话的确是出于礼貌，怕打扰对方。但是一旦你说"不忙"，就意味着，一旦他有求于你，就很难拒绝了。这其实有点像道德绑架，所以你的礼貌容易让别人觉得别有用心。若总是如此，必然会引起一些人的误会。

面对上述误会，有人会感叹好心没好报。俗话说言为心声，为什么好心不能搭配好的语言呢？为了解决这个问题，我们不妨以自己的感受为出发点来探讨一下。

例如，对一个人的行为进行评判时，不要用"你这个人怎么这样啊"的语言，而是说"你这么做事，让我很为难"。前者让人感觉是指责，后者听起来是在提醒对方做事要考虑周全。

在同事之间的评判，对方会觉得你越界了。但是我们从自身的感受出发则不一样，因为我们有权力表达自我的感受。其实两种说话的目的都一样，不过后者既解决了问题，还不至于让人误会。

我们再以那个夸赞同事的用语为例。你要是夸对方"做得不错"，不如说"你真棒！我要是能做得跟你一样好，就好了"。这样在对方心中，你的语言就从评价变成了夸奖，还有自叹不如的意思。此后，你可以向对方请教经验，他很可能愿意给你讲述。从工作进步的角度来看，这是自我提高的捷径。此外，有些人愿意找高大上的语言去夸赞对方，难免给对方留下虚伪的印象，还不如以自身的不足为出发点，以便给人留下谦虚好学的好印象。

如果不让别人误会自己对他漠不关心，我们最好就人论事。例如，对别人说"不算什么"，就不如说"在这件事上你付出多少，我都知道，真可惜"。若是自己有什么好办法，可以向他建议，不仅能让他看到你的同情心，还能感受到你对他的处境的关注，自然就把你当成同事中的知心好友。许多人愿意拿自身经历来安慰他人说："我当年比你还糗呢。"这样说，更能拉近同事跟你的关系。

我们若不想让别人以为自己的礼貌用语是套路，不妨直接把想要办的事、需要帮助的地方、实际的好处等，跟对方说清楚。尤其是在同事之间，很多沟通都是围绕工作而来的。你求人办事就应该把人家能帮你的原因说清楚，要是你问"在吗？"对方感觉你要玩套路，反而不愿意跟你沟通。

有些人看到上述顾虑会说，说话怎么会如此麻烦，其实说服他人这件事本来就是不厌精细的一个过程，而这个精细不是辞藻华丽，不是好口才，而是说出的话让人听起来特别舒服。

性格不同，说话的技巧也不同

人和人的性格不同，若是采用同一种说话方式，可能无法实现说服的目的，这就需要我们针对不同的人采用不同的谈话方式。个性软弱、温和的人，你对他大声怒吼，他会采用退缩或沉默的方式来保护自己，则很难认真听你在说些什么；脾气暴躁的人，可能无法忍受你的愤怒，会拍案而起，与你大声争论。因此说服高手在与同事沟通时会先考虑对方的性格，然后再决定使用何种谈话方式。

一、坦诚开朗，承受力强的人

这种人遇到自己没做好的事情，会勇敢承认，并积极改正，所以跟他说话的时候要直来直去，而不是拐弯抹角。也许你过多地绕圈子，他可能无法理解你的目的，导致弄巧成拙，让对方认为你对他缺少信任。

二、反应快速，自尊心强的人

与这种人交流，许多话无需说得太直白，只需暗示、提醒、含蓄地表达就足够了。尤其是关于他们的缺点和错误，只要点到为止，他就能按照你的思路，找到自己的错误，并采用适合的办法去解决。这种谈话方式，有两种方法很适用。

方法1：当我们和聪明且自尊心强的同事交谈时，不必说他的优点和缺点，而是提及其他人的优点或缺点。对方一听，就知道你是在提醒他。想让这种方法奏效的关键是提及的人必须和你的同事很相似。

> 刘明是北京某大学的高材生，聪明有能力，但就是工作效率不高。有一次，和他合作的同事小赵指责他翻译的稿子太少，于是刘明大发脾气说："我干得少，是因为稿件质量高，别人谁能做到。"
>
> "高不高不是你自己定的，我从来没听他人说过你有什么过人之处。"小赵说。
>
> "你说的他人，不过是跟你一个水平的人，能看出什么好坏来。"刘明说。
>
> "在商言商，我挣得比你多，就是好。"小赵说。
>
> "庸俗。"刘明说完，转身而走。
>
> 刘明效率上不来的问题引起了老板的关注。为了解决这个办法，老板让刘明去问同事小李。
>
> "小李，你说这份工作怎么才能做到质量和效益兼顾呢？"刘明问道。
>
> "你一定学过《长恨歌》，长且优美，而且还很好懂。"小李说。
>
> "明白了，我以前在高雅上用力过猛，不仅影响了速度，还不利于别人阅读。"刘明说道。
>
> "是啊。我就觉得，做到这点对你来说一点都不难。你看小王，他只是因为懂工作标准，而且虚心、勤奋，每个月绩效几乎都是第一。"

小李说。

"谢谢你，小李，我一定会改掉自己的不足。"刘明说道。

案例中的小赵说的话并没有错。艺术上说，一件雕塑作品没人欣赏，不过是无用的"石块"。刘明所谓的好也很可能是孤芳自赏。但是小赵的语言过于直白，对刘明来说是一种蔑视。刘明作为重点大学的高材生很难容忍别人伤他的自尊，于是反唇相讥，最后彼此不欢而散。

小李对刘明的建议就很有说服力。在提高效益方面，小李拿白居易的《长恨歌》做提示，这对刘明的个人能力也是一种肯定，而且《长恨歌》的写作方式和翻译这份工作有很多相似之处，对方马上就能联想到自己的不足。此后，小李又用同事小王和刘明做对比，不仅肯定了刘明的能力，还提醒他该采取勤奋、虚心的工作态度。这些正是一名优秀员工应该具备的素质。小李的谈话让人听着很舒服，还能让人受益，刘明必然愿意接受。

方法2：在所有同事都在场的情况下，说的话不要有特指。只要当事人能心领神会就好，让他知道自己是照顾他的面子才没有针对他。此时，他在内心深处会反思自己的错误。例如，一位员工跟别人合作的时候，出力很少，却总是埋怨他人。公司的工作报告会议上，他的同事说："工作就像拔河，顺序是按力量大小排的，但是尽力程度每个人都应该是百分之百的。"

那位爱偷懒的员工，马上就意识到同事是在告诫他不要偷懒。

三、爱钻牛角尖的人

对于这种人，沟通时最好采用参照式的批评方式。即在指出他的不足时，不直接谈关于他的问题，而是通过对比来点明你要表达的内容。

我们可以通过分析他人的是非来说明他的错误，也可以通过自身的经历来让对方反思。

一家公司接到一份紧要的订单，生产部的人手实在不够，于是生产部主管让销售人员来帮忙。

"你们忙，我也忙得焦头烂额，你没看到吗？"销售员工小徐说。

"是你的事重要，还是公司的事重要？"生产部主管怒斥道。

"若真重要，老板自有安排，再说你又不是我的主管，没资格指挥我。"销售员工小徐说。

事后，生产部主管跟同事老田抱怨说："都是公司的事，销售部的员工太没有主人翁精神了。"

"这不是主人翁精神的事。你看过电视剧《亮剑》吗？就算李云龙也不能随意调动丁伟的兵，那是上面的安排。"

"是我跨界了。"生产主管承认了自己的错误。

生产部主管认为，只要是公司的员工，就该救公司的急，但这个事他应该先向老板请示，再去借用其他部门的人。此后，其他部门该派谁去帮忙，还要由其他部门的主管做决定。老田用《亮剑》中李云龙借兵的事做对比，就是告诉生产部主管，真正的主人翁精神是服从公司的指挥。这要比阐述道理更能引起对方的思考。

四、爱面子的人

这种人敏感，但是未必反应快，跟这样的人沟通要采用循序渐进的说话方式。尤其是对其进行批评时，必须把问题分成若干个层次去进行。例如，由单一到全面，让他有一个缓冲的余地，这也是一个让他逐步提高认识的过程，从而一步步接受你的正确建议。

工作中，许多爱面子的同事所犯的错误是多方面的，我们不要一口气说出他的所有错误，这样很容易让他感到没有面子，从而产生逆反心理，可以采取由轻到重的谈话方式，让他慢慢地接受和改正自己的错误。

总之，与同事朝夕相处，不把道理说得令对方愿意接受，必然会影响工作，但是人的性格是不同的，所以必须因人而异，才能实现最佳的说服效果。

先美言再请同事帮忙

一位管理学家说："同事之间的和谐相处，往往只需要一句真诚的赞美。"事实也是如此，如果我们能恰到好处地赞美同事，便很容易获得同事的好感，但是赞美也是需要技巧的，不可任意而为。有些人不懂赞美的技巧，反而让人觉得厌恶，其中最重要的原因就是无法做到适度。我们先来看让人厌恶的赞美方式，再来看怎么赞美同事会让他开心。

> 　　小宇和阿威住同一个员工宿舍。阿威为了节省开支就自己做晚饭，出于客气，让小宇和自己分食，但食物很少，小宇居然吃了一多半，此后又蹭了好多次。
>
> 　　有一天，阿威炖鸡腿，锅盖还没打开，小宇就说："哎呀！香气扑鼻啊。"
>
> 　　阿威听到后无比反感，说："是挺香的，所以我决定不与你分享。"

小宇采用赞美的话语想白蹭阿威的饭，但是他的赞美言过其实，而且流露出爱占小便宜的嘴脸，所以让人厌恶。他不如等阿威打开锅盖后，说："你做的鸡腿真棒，我今天再蹭一回，明天我来备菜。"如此一说，蹭饭的原因变成了对阿威厨艺的佩服，而不是占便宜。除此之外，还有礼尚往来的意思，这远比瞎说更利于获得帮助。

有人会说，这是用承诺换好处，并不高明。下面我们就来看看，如何用美言让同事心甘情愿地帮助你。

许多人喜欢直接赞美，这不能算作赞美技巧，因为对方不仅有可能怀疑你虚假，还会感到乏味。例如，你到一家餐厅吃饭，夸厨师的厨艺是五星级的，他可能并不在意，因为他知道比自己好的厨师太多了。如

果你说："完全符合我的口味，以后我一定常来。"更能代表你对他的
认可，他也会更开心。工作中也是一样，我们从侧面去赞美同事，效果
会好很多。

> 有一年，达拉斯小牛队获得了美国篮球职业联赛的冠军。记者
> 采访当家球星诺维斯基，问道："你们的胜利，很多人都说，是联
> 盟顶级控卫基德的加入带来的。你觉得他和你的前队友纳什谁更好
> 一些？"
>
> 诺维斯基笑着说："你的问题让我感到十分遗憾，因为我错过了
> 他们的巅峰期。"
>
> 当时，正是纳什球打得最好的时候，而基德已经是 38 岁的老将
> 了，运动能力有些下降。
>
> 诺维斯基一句话既肯定了纳什的优秀，也肯定了基德昔日的成绩
> 和今天的努力。以后，基德必然会给他更多的助攻。

诺维斯基把自身做侧面，对现队友基德的赞美作用更大。基德年轻时
带着弱旅篮网队都能打进总决赛，可以说诺维斯基的赞美更加真诚、恰当。
此外，还流露出一种更深层的意思，我们球队能夺冠，基德不可或缺，但是
我和其他队友也都不错，一句话还提高了整个团队的凝聚力。可见，用侧面
赞美，不仅能拉近自己和同事的关系，还能传达出更大的信息量。

还有一种赞美技巧十分奏效，那就是传达别人对他的赞美，然后再请
他帮忙。

> 有一天，徐经理很气愤地对员工小林说："就你们寝室的那个小
> 王，我真是受不了她，特别自我，脾气还很大，请你转告她，她要是
> 总是这样，我就跟老板说，让她卷铺盖走人。"
>
> "经理，她年龄小，你别生气，这件事我会处理好的。"

> 　　后来，徐经理再见到小王的时候，发现小王变得很谦和，感到很奇怪。于是她找到小林，问："小林，我没想到小王那脾气也怕被开除，你是怎么跟她说的？"
>
> 　　小林笑着说："经理，请原谅我没传达你的原话。我跟她说：'我们经理在我面前夸你，工作原则性很强，从不给别人添麻烦，而且个性耿直，许多建议对公司都很有帮助。'她听了很开心，连我让她看电视剧时戴耳机都接受了。"
>
> 　　"没想到啊！赞美比训斥更有效。"徐经理感叹说。

　　试想一下，如果你的同事不借助他人来赞美你，而是亲口赞美你，可能并不会让你信服。但是借助第三人之口，赞美的话听起来就很不一样，让人觉得真实、悦耳。

　　再从小王自私的性格上来推测，她工作和生活中也可能只在乎自己的感受，所以干扰到了小林，可小林偏偏赞美她从来不给别人添麻烦。小王为了成为别人口中的样子，也会有所改变。这样小林的目的就达到了。

　　可见，借用他人之口去行赞美之事，既是对同事的赞扬，又是对同事的尊重和鼓励，同时还能展示你良好的品质。心胸狭隘的人很少赞美他人，传达他人的赞美给同事则更难。而你通过赞美不仅实现了自己的目的，还收获了同事的好感。

　　工作中，很多事都离不开同事的帮助。我们可用赞美让对方开心，此后他更容易接受你的请求。在帮你解决问题的过程中，因为有你的赞美，对方会更尽力。因此可以说赞美是帮助自己成功的加速器，在职场中一定要好好掌握和运用。

第四章

与客户交谈：赢得客户的信任

像专家一样说话，客户才肯信

大家都知道，只有赢得客户的信任才能成功销售的道理。可究竟如何才能让客户相信你呢？有人说要靠产品质量、产品价格、销售平台、服务态度、业务员的专业素质。现如今，价格、质量、服务、平台等营销要素早已经同质化了，对赢得客户的帮助并不大，反而是业务员的专业素质对交易的成功有极大帮助。

管理学家把业务员的专业素质分为专业形象、专业能力、专业内容三个部分。三个部分相辅相成，不仅能获得客户的信任，还能缩短建立信任所需要的时间。下面我们就来看看这三个部分。

一、专业形象

一些销售精英说，客户买你的东西，可能要经过长时间的思考，但是决定不买你的东西，可能只需 30 秒。在这 30 秒内，专业形象是他判断你是否值得信赖的重要依据。

目前，一些高校开设了仪表课。课程内容讲到：一个人根据出席的场合应该穿戴不同的服饰、背不同的包、用不同的本、采用不同的手势，等等，这些对获取客户信任来说非常重要。比如一名销售员，穿背心去跟客户进行商业洽谈，客户很可能会拒绝见面，因为你的形象让人觉得不够专业，而且态度不够尊重。第一印象差了，客户很难再给你一次机会。

一家辅导机构聘请了一位知名教师。小东慕名而去，当他看到那位知名教师后，十分失望。

那天下大雨，名师就穿着雨衣和雨靴进了教室。因为教室里比较冷，名师就穿着雨衣讲课，还要不时摆弄一下被淋湿的头发。

因为老师的着装和动作，严重干扰了同学们听课的注意力。因此小东对名师大失所望，并换了一家辅导机构。

教师的着装应该得体大方，采用的肢体语言也应该有助于教学。可是案例中的老师都没有做到。此外，从他的着装上，学生能推断出他的工作态度不够积极，若是早点来到辅导机构也不至于连换件衣服的时间都没有。同理，销售人员着装不得体，也会给客户带来很不好的联想。一位经济学家统计，穿西装比穿便装的销售人员的销售额要多出 20%。毕竟人对他人的第一印象大多来自视觉，这是销售人员不可忽视的。

二、专业能力

专业能力是指你的阅历、经验、对问题的分析和理解能力。其中，最重要的是对公司业务的理解能力，客户会根据自己的专业能力来考察你的专业水平。如果能像专家一样，比客户更理解他的业务，客户就会觉得你是值得信赖的人。

我们先从向客户提出的问题来看，如何让自己看上去更专业。例如，你是一个投资顾问，问客户："你觉得你们在管理上有什么问题？"客户就会觉得你是业余水平。要是你问："你们分公司在资金收支两条线的管理中是怎么设置的？资金积累到什么程度会向总公司划拨一次？"客户自然会觉得你有阅历、有经验，是这方面的专家。

至于问题的分析能力和理解能力，通常表现在你能为客户提供的问题提出几套解决方案。如果你的方案正符合客户的要求，客户就会信任你。

一位中年男子去买车。销售人员问："先生，你要买哪一款车？"

"我不要品牌货，只要功能好的就行。"中年男子说道。

"你是看重动力，还是安全性和舒适度？"销售人员问道。

"动力和舒适度，至于安全性大多靠个人的驾驶技术。"中年男子回答道。

"先生，一看你就是开车多年。"销售人员说道。

"没开过几年车，只是当了16年的汽车维修工。"中年男子回答道。

"那绝对是行家，我带你看一款价位不高，但是发动机超一流的车。"销售人员说。

"你怎么向我证明呢？"中年男子问道。

"用你们的办法，在发动机上放一杯水做测试或你试驾几圈。"销售人员说。

"我们现在就去看车。"中年男子兴奋地说。

销售员把一杯水放在发动机上，中年男子看到水面变动不大，当即买下这辆车。

中年男子很明确地告诉销售员，自己只要功能好的，不是品牌货也行。于是销售员就向中年男子询问，他更看好功能中的哪一项，这让中年男子觉得他很专业。当对方提出动力和舒适度时，销售员马上分析出中年男子可能对汽车很了解，随后了解中年男子的身份后，马上猜出他可能喜欢什么样的车，可见其理解能力很强。要保证一辆车的动力强、舒适感好首先就是看发动机性能是否强，转动是否沉稳，只有发动机性能强大，车身不易摇晃，产生的噪声也不会太大。而销售员说出了用一杯水可检测出发动机性能是否良好的测试方法，赢得了对方的认可，对方自然会觉得销售员够专业，所以也就会买他推荐的产品了。

三、专业内容

专业内容也可以称为专业知识，涵盖的范围很广。例如，产品性能、企业文化、市场情况和行情、外贸流程知识、营销技巧等。有了这些储备，在展示专业能力的时候才能把知识输出做得更好，但是在传达专业内容的时候，销售人员还要针对不同的客户采取不同的体现方式，才能让专业性得到更好的体现。

有人会说想要做到专业性真的很难，但是你不能如此，就不会有比其他销售员更有价值的谈资，所以很难得到用户的信赖，这就是人们的一种心理惯性——信任权威。我们只有在一个领域具备专业性，说话才会有更高的认可度，所以不可忽视对专业性的追求。

试试用数字，更有说服力

在销售过程中，大多数顾客会关注产品的详细数据。例如，销售人员向顾客出售家电，顾客通常会问耗电量的问题。如果你说的数据是经过自己调查得来的实际值，对顾客来说就很有说服力。要是你是一个一问三不知的销售人员，顾客可能就懒得理你。为此，我们需要用数字来让自己的语言更有权威性。

诸多优秀的推销员都擅长用数字来表现产品的优点，并说出许多对顾客有真正帮助的数字，帮他做出了正确的选择，顾客自然会相信。

> 李芳看中一个投资项目，但是苦于资金不够，必须要找一个合伙人。于是她联系了自己的同学陈苗。她对陈苗说："我要投资的项目，投资20万元足够，每年至少能有60多万元的净收入，员工有两个足够了。目前，市体院附近有一家门市房，2万元租金，是有点贵，但是客流量每天至少500人，也许我们还可以开发一些新项目。"
>
> 陈苗认真思考后，决定为李芳投资。

这就是数字的魅力，它的精准性比说服技巧更加深入人心。李芳就是做到了这一点，而且精细化到客流量的人数。要是销售人员能够像她一样，顾客会认为自己的购买是很明智的选择。顾客如果能这样想，你的说服就成功了一多半。下面我们再来看看，在销售中，数字的具体作用有哪些。

一、体现产品的独特卖点

所谓卖点就是可以促使顾客购买产品的理由。如果销售人员能够利用数字准确说出产品的优势，就能够使顾客更愿意选择你的商品，但是这需要销售人员准确掌握顾客的使用需求。

> 小东的单位要组织一次旅游，为此他想买一个数码相机来拍旅游中的照片。
>
> 摄影器材城内，一位销售员问小东："先生，您是做什么工作的？"
>
> "我是一家公司的文员。"小东说。
>
> "既然您不是专业做摄影的，没必要选尼康，可能佳能、卡西欧更适合您。请问您想买单反还是卡片机？"销售员说。
>
> "我就是简单拍点人像，卡片机应该足够用了吧。"小东说。
>
> "以前用过卡片机吗？"销售员问道。
>
> "没有。"小东回答道。
>
> "我建议您买卡西欧的卡片机，其功能很强大，而且电池能使用一周。唯一缺点就是机身有点厚重，能有佳能卡片机的一个半重，但是防碰撞的能力也是佳能机比不了的，价位才 1300 多元，您要看看吗？"销售员说。
>
> "我看看，麻烦你教会我操作流程。"小东说。
>
> 于是销售员向小东演示了相机的用法。小东当即买下该款相机。

对小东来说，这款相机的卖点包括：其一功能强大，其二电池使用时间长，其三机身结实，其四价格不高。这既符合一位文员的购买能力，还符合他外出旅游的需求。所以小东才会乐于购买这款产品。

我们销售产品的时候，也应该针对用户的需求，用数字说出它的卖点。例如，你向别人推荐营养餐，说茄子对减肥帮助巨大，则不如说，它的内部构造像海绵，吸收脂肪的能力是黄瓜的两倍。人们出于需要和好奇都可能会购买有茄子的营养餐。因此数据能让好处具体化，更具说服力。

二、体现产品的优势

如果我们卖汽车、电脑一类产品，最有说服力的话语就是详细的数据介绍，因为顾客会用这些数据和同类商品做比较，购买自己认为最合适的商品。例如，华晨宝马公司推出一款新车，在川藏公路上进行测试，然后得出一系列数据，例如动力、油耗、爬坡速度等，然后再标出价格。购买者通过数据就能算出它的性价比，无须销售人员用过多的语言去夸奖车的优点，客户自己就能决定是否购买。

三、打造销售人员的专业形象

顾客衡量一位销售人员是否专业的标准之一，就是其是否能够提供可靠的数据。这就好像许多人喜欢看球，但是有真球迷和伪球迷一说。真球迷能够通过数据来说明一个球员为什么伟大。

> 大海和丹枫就谁是联盟第一控卫展开了讨论。大海说："我认为是威斯布鲁克，经常有三双的数据。"
>
> "是的，他的数据是不错。但是他的失误率接近20%，在球场上，其所在球队的获胜率不到50%。完全不如保罗，因为保罗的失误率几乎为零，他在场上时球队的获胜率高达70%，所以威斯布鲁克的三双没什么意义。"
>
> "听你这么一说，我应该去看看保罗的比赛。"大海说。

大海之所以要去看保罗的比赛，就是丹枫给出了能代表一个优秀控卫的数据，从而让大海觉得丹枫够专业。要是在销售的过程中，我们也能说出专业性强的数据，顾客也会对你所说的产品产生浓厚的兴趣，这样你离成功就不远了。

四、用数字，形象更具体

有时候，我们用文字很难把事情描述得更形象，而用数字，大家马上就能联想到具体情况。以军事战争为例，敌人若是跟你说，你是以卵击石，对你未必有很强的威慑力。但是他要用数字去形容他和你的兵力悬殊，你可能会很害怕。先秦时期，一位将军对敌将说："我有 25 万前军，15 万援军，你军只有 7 万将士。我打你如同大海摧毁一叶小舟。"敌将马上会脑补出敌人以 5 倍以上的兵力攻击自己的画面，必然打击其斗志。

用数字去销售，优点也是一目了然的。用数字做描述的时候，没必要做太多语言上的描绘。

可见，数字就是销售中最有力的武器，不仅能证明商品的优越性，还能彰显自己的专业性。因此，销售人员要培养自己使用数据说服客户的习惯。

讲个好故事，胜过一堆大道理

好故事具有强大的说服力。其实在产品营销的过程中，好故事在打动顾客方面也远胜于一堆大道理。学者帕奎奥的研究得出了一个让营销界振奋的消息："故事能极大地提高顾客的参与度，从而增强了对顾客的说服力。"

日常生活中，一些个人故事和新闻消息占据了人们沟通内容的 65%。为了让大家更好地感受故事的魅力，我举一个例子。有两个捐款箱分别放着两份宣传材料，一份是叙利亚遭到破坏的数字统计资料，另一份资料讲述了大马士革昔日的辉煌与今日的断壁残垣，还有百姓流离失所的情况。你愿意给哪一个捐款箱捐款呢？相信更多的人会选择后者。因为前者是具体的数字，而后者是具象的故事，人们更容易被感动。

这也说明了，为什么一些企业在推广产品时讲道理、拉数据的成效都不大的原因。因为他们忘记了顾客更愿意听故事而不是枯燥无味的产品信息。尤其在信息爆炸的今天，消费者几乎每时每刻都处于被销售信息轰炸的状态，就像有些人选择屏蔽朋友圈，但会定时看微信信息。许多营销信息没有帮企业提高声誉，反而导致被冷落，而采用故事营销却可以帮助一些营销者走出困境。

生动有趣的故事不仅能被消费者接受，而且更有利于多次扩散。例如，一些品牌故事，让企业的品牌形象更加鲜活生动、丰满立体，而且有些品牌故事更是一种精神象征，可以提升产品的附加值。

究竟如何做才能利用好故事营销呢？经济学家总结出五个要点。

一、故事要有独特性

当下，消费者购买商品不再只是关注它的使用价值，同时也关注它在精神和心理上能给自己带来的满足感。销售人员要对产品的关键属性一清二楚，明白品牌的核心价值所在，然后围绕它去选择故事的素材，不断丰富故事的表现方式。

> 享有世界声誉的矿泉水品牌依云对它的功效和品质都进行了故事营销。
>
> 法国大革命时期，雷瑟侯爵患上肾结石，在一个花园中取些泉水饮用一段时间后，竟然痊愈了。后来，拿破仑三世也对这种矿泉水情有独钟，并根据它的产地赐名为依云矿泉水。
>
> 此水源于阿尔卑斯山山顶，要经过多年的冰川消融，才会从山顶渗入到地下。因此此水无污染，且携带的矿物质十分丰富，可治疗一些疾病。
>
> 在讲述矿泉水的形成过程时，依云公司的销售部借助影视的力量，向人们展示了泉水的好品质。

> 另外，纽巴伦品牌不仅注重故事的讲述，还认真挑选讲述故事的人。他们邀请著名音乐人李宗盛一起拍摄短片《致匠心》，来阐述自己的企业文化。
>
> 影片中，李宗盛在专心制作一把木吉他，旁白是："专注做点东西，至少对得起岁月，其他的，就让时间去说吧。"
>
> 李宗盛在音乐上的执着，可以称得上工匠精神。纽巴伦的故事不仅唤醒了人们对工匠精神的敬佩，也提升了自己的品牌内涵。

高品质、好工艺都可以用故事来阐述，其他方面若是有特质也可以用故事来阐述。案例中的两个公司正是这么做的，同时借用名人的效应，以此来提高故事的吸引力和可信度，而客户则很难拒绝这样的故事营销。除此之外，案例也告诉了我们一个讲故事的原则：品牌个性在前，创意在后。否则很难展示出自己的独特之处。

二、故事要有戏剧性

平淡的故事很难引起顾客的注意，更别提情感共鸣了。一个好的营销故事必须有矛盾冲突，这样顾客才能够印象深刻。为什么许多人都愿意听《灰姑娘》的故事，因为她和王子身份悬殊，很容易发生冲突，从而使剧情跌宕起伏，而不是如流水账一样平淡无奇。例如，有一个短视频，讲述一个打街头篮球的青年向假扮年迈老人的球星欧文挑战，一开始在欧文面前连连得分，后来欧文使出绝技，打得青年无法招架。视频正是通过戏剧性向大家展示了欧文的精彩球技。有冲突，有反转，更容易引起大家的共鸣和认同。

三、故事要有新颖性

企业在不同时期，其品牌诉求的卖点发生了变化，相应地，品牌故事也应该根据卖点去更新。营销者总是讲同一个故事，顾客会感到厌烦。任何好的品牌都不是通过一个故事就能取得巨大成功的。例如，大家所熟知的 ZIPPO 打火机，公司在展示打火机的结实程度时，采用了它在战场上为士兵挡子弹的视频；为了彰显其耐用性，采用了它煮沸一锅粥的视频。任何经久不衰的品牌都会通过多层次的故事来突显自己的品牌特色，进而引起人们持续地关注。营销人员在创造故事时要注重创造续集和故事的新颖性，才能吸引一大批忠实的听众。

四、故事要有情感共鸣

当下是体验经济的时代，营销人员讲述的故事更应该注重能给客户带去的体验和感受。若是你的故事让他产生了共鸣，就很有可能购买产品。例如，南方黑芝麻糊就是通过一个体验式的故事，带动了许多人的情感，从而提高了销售量。广告中，小男孩跑出宅院。画外音是：小时候，一听见卖芝麻糊的人的叫卖声，我就再也坐不住了。相信看过这个广告的人都会不自觉地向往那个南方小镇——古朴的街巷，橘黄色的路灯，悠长的叫卖声，一切是那么温馨。尤其是在南方长大的孩子，很容易想起自己小时候的生活，并且想要回味一下。

能够产生情感共鸣的除了回忆，还有亲情、爱情、友情等。讲故事的时候，要围绕客户的特点来挑选主题，这样会极大地刺激客户的购买欲望。

五、故事要有合适的传播平台

把故事讲好很重要，但是没选对平台，也很难实现效果的最大化。营销人员应该结合自己的产品特点来寻找合适的平台。例如，《世界时装之苑》杂志选择的平台是豆瓣社区，那里有很多文艺青年，他们喜欢时尚前卫的东西，所以杂志得到了很多的"粉丝"。

以上就是销售人员讲故事时需要注意的五点。若是能够把这五点综合运用，并有良好的产品为故事做依托，其销售额必然会大幅度增长。

永远不要和客户争执

在销售领域有一条铁律，就是营销人员永远都不要跟客户争执，因为这不是辩论场，就算你胜利也毫无意义，相反还会惹客户生气。就算你的商品再好，客户也不会在你那里购买，以后也很难购买你的商品，因此营销人员要控制自己的情绪。其实有些争执牵涉的利益并没有那么大，完全没有必要唇枪舌剑地反驳、讽刺，我们完全可以采用和颜悦色的态度跟客户沟通，从而使销售流畅进行。

下面我们针对具体事例来分析，营销人员该如何面对客户的异议。

> 早市上，一个中年妇女逛了几个蔬菜摊，都摇头嫌菜价太高。逛了一圈后，好不容易找到一家价格较低的菜摊。
>
> "姑娘啊！你家大葱才4元，别人家都5元，放得住吗？"中年妇女问卖菜的女孩。
>
> "他们的葱是从批发市场买的，我的是自家的，您买您就赚了。"女孩说道。
>
> "我看你的葱黄叶有些多。"中年妇女说道。
>
> "您选一捆，我帮您剪掉。"女孩说。
>
> "谢谢。"中年妇女说道。
>
> 女孩剪掉葱上的黄叶。
>
> "姑娘啊！我还得麻烦你点事。你能帮我把葱根也剪了吗？要不放袋子里都是土。"中年妇女说道。
>
> "没问题。"女孩快速剪完。
>
> "哎呀！你这手也太狠了。葱白被剪掉了一点。"中年妇女说道。
>
> "就差这么一点点，你这也太会过了。"女孩说。
>
> "你这么剪，我回家就放不住了。"中年妇女说道。

> "你的意思，我还得给你换一捆呗？你满市场问问，有谁买葱，还让人剪根子的。"女孩突然生气了。
>
> "你看你，我又没说让你赔。"中年妇女说道。
>
> "那就赶紧走，我还得卖东西呢。"女孩生气地说道。
>
> 中年妇女以后再也没有去女孩的菜摊买过东西。

这就是鸡毛蒜皮的小事，完全没有争执的必要。卖菜女孩跟顾客生气，无论对错，首先给别人留下的印象是不够大度。其次，对顾客的意见反应过于敏感，说出很多难听的话。这是顾客不与她争执，若是争执起来，有人会说她服务不够细致，而且态度蛮横，再也不会光顾女孩的菜摊。要牢记不与客户争执，客户永远是对的。那么，如何才能不与客户发生争执呢？我们来看看一些可行的办法。

一、不要直接反驳客户

要是客户说的话有错误或是触动了你的敏感神经，销售员最好也不要直接反驳，因为这会伤到顾客的面子，甚至使得顾客与你激烈争执。此时，要是客户说的话对你无伤大雅，完全可以置之不理，也可转移话题。要是客户对你的话有误解，你可以采用先肯定再否定的谈话方式。例如，"你猜测得很合理，但事实上……"你先肯定对方的意见，然后再耐心地给他讲解，他不仅有面子，还会意识到自己是外行，然后虚心听你讲话。

二、注意措辞

对销售人员来说，再柔和的态度，如果不能留意遣词造句，都会给顾客留下很不好的印象。例如，案例中的女孩说中年妇女"太会过了"，就算她用正常的语气，对方也能听出轻蔑的味道。销售人员在措辞上一定不要伤害客户的自尊心，要以和气的语言、细心的服务，让客户愿意和你交易。

三、把话语权留给客户

客户有不满的时候，销售员应该让他说清楚不满的理由和改进的建议，这样才能准确判断出客户的需求情况。除此之外，让客户多说，还能减少自己反复阐述一个问题可能带来的负面情绪。当你对客户有了一定的了解，沟通起来你就知道从哪个角度进行切入了。要是客户还没说几句话，销售员就说出一大堆反对的意见，客户很可能因说话被打断而生气，甚至不再有购买的想法。此后，销售员想要达成交易，就很难了。

四、认真分析客户的异议

若客户不接受你的观点，就要冷静分析产生分歧的原因。通常情况下，客户提出的意见，能让销售员对客户有更多的了解，销售员要能根据这些信息判断客户异议的类型。有些异议只是客户想要压价的借口，未必是真的。例如，有顾客说："你的产品好像是去年的最新款啊。"他的用词是"好像"，很可能只是在试探，面对此情况，销售人员可一语带过。要是顾客说："你产品的功能没有我用得着的。"销售员就应该立即处理，因为那很可能是他的真实想法，否则语气不会如此肯定。还有一些异议在顾客可接受的范围内。例如，有些产品只是没有顾客最喜欢的颜色，但是他能接受。对于这样的顾客，营销员应先表示歉意，再感谢他对自己的支持。

人们常说和气生财，在销售领域更是如此。你有良好的态度，而且所说的话令客户开心，且对他有帮助，他就会支持你的工作，甚至为你介绍更多的客户，使你获得更多的收入。

销售场合，最忌"假、大、空"

"假、大、空"是指一个人讲话或写文章内容虽多，但是虚假、浮夸，甚至毫无意义。生活中，大多数人都拒绝跟此类人接触。在销售场合，客户更是不喜欢这种人。可是"假、大、空"的说话方式随处可见。

常见的有两种。

第一种，与实际情况相违背的广告宣传。例如，"每平方米只要两万八，在北京朝阳区绝无仅有的低价，你还在等什么？""某某集训营，让你的孩子在三个月内一飞冲天"等等。

可是，想要购买房屋的人可能早就已经了解某地的房屋均价了，而学习更不是短时间就能发生飞跃的事情。这种行为就是无视消费者的智慧。此外，过多的宣传内容跟真实的情况不相符，这种行为对消费者来说，就是一种欺骗。以后他们再看到一些令人惊喜的信息，不仅不会关注，甚至会对商家产生一种不信任，认为这不过是吸引人的噱头。

第二种，加一些毫无作用的修饰词。例如，"巨补水""高铁一样的速度""无比完美的展示效果"等等。在这个"质量为王"的时代，人们更愿意相信亲眼所见的功效，也更愿意相信品牌带来的可信度。如你的品牌的优势是质量上乘，则没有必要在这方面进行吹嘘。对营销人员来说，若是频繁地运用自我吹嘘的语言，不仅很难给产品加分，人们还会怀疑产品的质量。

> 一位书法家的个人简介上写着：中国书法家协会会员、新加坡淡彩画协会高级艺术顾问、"一笔双钩字"创始人、吉尼斯世界纪录保持者。
>
> 所谓"一笔双钩字"就是只用一笔写出一个或几个镂空的字。据书法家说，就是这种技巧帮他获得了吉尼斯世界纪录。
>
> 他的作品要价为每平方尺5000元。但是许多书画爱好者却认为他的作品质量低下。

案例中的书法家若只说，自己是中国书法家协会的会员，书画爱好者的注意力就会集中在作品上。可他又加入了很多自我吹嘘的语言，大家难免质疑其真实性，进而怀疑作品的质量。就作品来讲，"一笔双钩"字在我国早就存在。例如，用来描红的"双钩字"。因此书法家是不能以创始人自居的。再则，他说自己是吉尼斯世界纪录的保持者，这种非书法领域的奖项不仅无法衡量书法作品的质量，还会让人们怀疑作品的质量。

有人会问，"假、大、空"如此无用，为什么许多人都在用？因为他在短时间内可以混淆消费者的视听，促进销售。可这种行为早晚会被现实揭穿。一旦被消费者发现其欺骗行为，必然有损口碑，企业或个人也会因小失大。

一家考研辅导机构在学生考完初试后，列出了一份成绩单，内容如下："所有被辅导的学员中，过350分的3个，340分以上的5个，330分以上的20个。"结果分数线定在340分，过线的总共才8个。

一位了解情况的学生笑着说："这家机构真敢吹，他们要是包揽了所有名额，那我的同学怎么可能参加复试呢？"

在这家机构学习过的学生对这份成绩单也提出疑问：过340分的5个中到底包不包括过350分的那3个？

显然，这份成绩单很假，这家机构玩起了文字游戏，不仅把自己的学员都搞得一头雾水。顾客也会产生怀疑，就有可能离你而去。因此，这家机构应该等初试分数线下来，再有所根据地进行宣传，而不是用"假、大、空"的语言来欺骗消费者。

在信息时代，"假、大、空"的语言早晚会纸包不住火，一旦被揭穿，不仅对当下的经营造成严重影响，要是再被别人发现其他劣迹，可能会带来更多的负面影响。因此，销售场合最忌"假、大、空"，它会给自身带来超乎想象的损害。

让客户主动为你转介绍的秘密

　　大家经常会遇到这种情况：商家说给你一些好处，但交换条件是你要在朋友圈转发他的广告。这种行为让很多人反感，尤其是没有口碑的产品，能导致你被好友屏蔽。可见，口碑好是产品被他人传播的关键。

　　人们常说有口皆碑，那是众多消费者认可你的产品质量和品牌。这样的产品，大家就会主动帮你介绍给他人。

　　有人说，我的产品很好，但就好像埋在土中的金子，不能被众人发现和推广。许多事实证明，只注重产品质量，而不擅长口碑营销，是很难扩大其影响力的。下面就为大家介绍一些能让客户帮你宣传的办法。

一、朗朗上口的广告

　　打造一段令人记忆犹新的广告，是当下许多品牌商都在采用的宣传技巧。例如，江小白白酒的瓶子上会有许多既能让人耳目一新，又有所感触的广告词。因为 80 后、90 后群体强调个性消费，不仅会替企业宣传，在受广告词的启发后，还创造了许多适合企业应用的广告词。

　　　农夫山泉有一款矿泉水，上面有小熊和秋天的树。广告词是："秋天来了，树上会不会落下鱼？"许多人向朋友推荐它的原因就是这个广告词充满童真，而且容易记，说起来也不难。

　　　小吴是一个薄饼经销商，他的广告词是："猫咪会怕孤独吗？雪人会怕胖吗？饼干会怕疼吗？"广告词特别受孩子欢迎，而且产品也不错。一些家长就向好友推荐小吴的产品。

　　当下，营销员要有这样的理念：产品质量代表它的价值，广告词代表产品的性格。人们宣传一件产品，大多是因为它的品质好，而且有趣。

二、让顾客体验

商界流行一句话，"体验为王"。所谓体验，就是顾客跟营销员、产品和操作流程互动的总和。当今，有许多企业会让"粉丝"全程参与产品的生产过程，或者给顾客提供超乎想象的体验。例如，宝马公司让消费者在沙漠中检验车的性能。心理学家发现，人们更愿意把切身体验好的产品推荐给好友，因此注重顾客体验是提升产品传播度的关键。

三、借助已有品牌进行推广

一些新的品牌借助知名企业推荐能更快地建立美誉度。消费者会对新产品产生怀疑，而知名企业的推荐就是用自己的信誉为它做担保。例如，一个不知名的汽车零部件被奔驰、奥迪等知名企业联合推荐，并说自己的汽车使用的就是这款零件，相信大多数用户都会放心大胆地使用，而且主动推广。

四、注重产品的细节

人们常说细节决定成败。在销售领域内，能够引起顾客注意的往往不是产品主体，而是一些容易被忽视的"零部件"。例如，汽车上的图案、服装的纽扣、客服的一句话等。据市场调查，对产品满意的顾客，其中70%会向亲朋好友讲这次愉快的购物经历，因为他们对产品细节很喜欢。

五、用行动代替语言

只有行动才能给用户带来真正的利益，所以用行动代替语言也是让用户主动替你宣传的好办法。一位海尔的顾客给海尔总部打电话，让他们派人来修他家的冰箱。因为路途遥远，顾客给客服的期限是半个月以内，没想到客服人员第二天就乘坐飞机赶到了客户家，客户非常感动，在维修单上写道："我要让身边的人都知道，我买的是海尔冰箱。"

从利益的角度看乘飞机帮客户修冰箱有些得不偿失，但是从打造企业口碑的角度来看，海尔此举必然会引来众多潜在客户。

在网络高速发展的今天，信息传播非常快，借助客户主动宣传来推广企业品牌已是诸多企业采用的办法。为了用好口碑去助力宣传，营销人员既要注重产品质量和自己的行动力，还要选择适合的语言做推广，才能促使客户主动为你宣传。

不要让客户觉得你在强买强卖

一位经济学家说："最高的销售境界并不是把产品推荐到了客户手里，而是引导他去主动购物。"真是这样吗？让我们用事实来证明一下。有的营销员抓住顾客就喋喋不休地推荐，完全不考虑顾客的心理感受，唯一的想法就是让顾客赶快接受产品并把钱掏出来。这种营销方法给顾客的感觉好像是强买强卖，让顾客很被动，倍感压力。此种推销方式会让顾客避之不及。

为了防止给客户造成强迫的感觉，有两种方法可以采用：一是"得寸进尺"，二是不要自以为是。现在，我们就来看看这两种方法怎么运用。

一、得寸进尺

所谓"得寸进尺"，就是要事先知道客户可能购买什么产品，然后再推荐相关产品，并且保证这些商品在他的购买能力之内。

李彬是一名篮球爱好者，很早就想买耐克公司生产的一双篮球鞋。正巧劳动节他家附近的耐克专卖店的商品在打折，于是他进入店中，很快就找到了自己喜欢的篮球鞋。

"服务员，这款鞋现在多少钱？"李彬问。

"780元。"服务员说。

"你们让利好大啊！"李彬说。

"是啊。先生你除了球鞋还需要什么商品？"服务员问道。

"我主要就是来看鞋的，其他的还没想好。"李彬说。

> "先生，天气马上就要热了，我建议你再买一套篮球衫，才200元。如果你不喜欢找零，袜子每双才10元。"服务员说。
>
> "听你这么一说，我还真得看看其他商品。"李彬说。
>
> "有些东西早晚都得买，早买早受益。"服务员说。
>
> "是这么个道理。你先忙着，我到处看看。"李彬说。
>
> "篮球衫在你左手边，你选好了来找我。"说完，服务员去接待其他顾客了。
>
> 后来，李彬买了鞋、篮球衫、袜子和护膝。

服务员从李彬对鞋价位的感叹上，就猜测出他可能想买这双鞋，这就是所谓的"得寸"。之后，服务员再建议他买篮球衫和袜子，而不是更好的篮球鞋，这属于"进尺"，并且很好地把握了尺度。李彬选特价的时候来买喜欢的球鞋，很显然他的经济并不是很宽裕，再强力推荐一双更贵的篮球鞋可能会导致对方快速离开商店。但是推荐篮球衫则不一样，他可能因为打折前和打折后的差价产生购买行为，甚至还可以挑选两双袜子，因此他能毫无压力地在店内看其他商品。

从购物心理学上讲，顾客在店内逗留的时间越长，就有可能购买更多的商品。于是服务员给李彬足够的空间来选择，而不是紧随其后，为其讲解、介绍。销售人员离顾客太近，顾客可能认为你总是盯着他的钱包，反而有逆反心理。销售员要跟顾客保持一个合适的距离，既要让他感受到你的热情，还不要让他感觉有压力。

二、不要自以为是

有时候，销售人员向顾客强力推荐的商品不过是自己认为好的，或者他认为顾客就该购买的东西。但是顾客未必都如你想象的，如果你一再强调产品的好处，或对顾客的购买行为产生怀疑，他也会觉得你在强买强卖，导致拒绝和你沟通。

健身房内，一位健身教练跟身材微胖的小徐说："大哥啊，你这肚子可是够大的啊，该减一减了。"

"是啊。去年都跑掉30斤了，今年又反弹了。"

"那是你减肥的方法不对。你要上我10节私教课，我保你减重后不反弹。"

"不行啊，我总是出差，课一停等于白练。"

"这么办吧，你给我1000元。我保证两个下午教会你所有动作。"

"等以后再说吧，我现在太忙了。"

"你们一个月都月薪过万，就差我这点小钱啊。"

"这不是钱的事，反正我现在不能跟你学。"小徐很不耐烦地说。

其实小徐不跟他学的原因是，健身教练说自己练了5年健身，可是肌肉线条并不清晰，因此他的话对小徐没有说服力。

这位教练"自信"的地方不只是推荐方式，还有其教学能力和想法。小徐都很明确地告诉他不能上课了，却还在推荐，甚至从自己的想法出发激将对方，说对方月薪高却舍不得花钱。试想，销售人员一再推荐产品，并采用语言激将的方式，你一定会有被强买强卖的感觉，便可能采用生硬的理由拒绝跟他交流。

营销，简单地说就是跟顾客打心理战。你竭尽全力要把产品推销出去，很可能触动对方的逆反心理。此外，不了解用户的情况，对他提出的要求很可能是强求，这样也不能成功。我们一定不要让顾客认为你在强买强卖。此时，不妨多听听顾客的诉求，然后向他提出合理的建议，这样他很有可能按照你的建议去购物，甚至能带来意想不到的惊喜。

第五章

其他沟通对象：如何更有说服力

这样与长辈说话更有说服力

长辈所处的环境和经历的教育与我们差别很大，因此对待事物的看法与我们自然会有差别，再加上他们受生理状况的影响，在理解能力、反应速度上可能不及我们的迅速，因此跟他们沟通的时候，产生一些矛盾在所难免。这时候，晚辈不得不尝试说服长辈。那么说服长辈需要哪些技巧呢？

一、说服父母，得说恭维话

你有可能认为这很虚伪，但是事实证明，虚伪的话也可以说得很动听。就像许多故事都是编造的，但是感人的程度并不低于纪实片。

张全从沈阳音乐学院声乐系毕业后，面试了两个单位，一个是沈阳音乐学院附中，另一个是海政文工团。在海政文工团的面试时，她发挥出色，老师笑着对她说："回家静等消息吧。"可录取通知书迟迟不来。沈阳音乐学院附中两次催促她去报到，张全都找理由推掉了。母亲生气地说："就算海政文工团录取你，唱歌也是个青春饭，要是你唱不出来可怎么办？我觉得还是当老师最稳妥。"

"妈，您是亲朋好友公认的金嗓子，所以我觉得您应该对自己的遗传基因有自信，您女儿要是去海政一定能唱好，哪怕不出类拔萃，有了这段经历，去艺术类院校应聘也必然能成功。"

"你说的也有道理，可要是海政不录取你，你可怎么办啊？"

"妈，我想参加'青歌赛'。您想，我站在您的肩膀上什么成绩都没有，您能甘心吗？"

"你干什么我都支持你，只要你不后悔就好。"张全的母亲说。

当下，许多人对一份稳定的工作求之不得，可是张全却不愿意去。此事放在许多家长身上都会为孩子着急。而张全面对母亲的考虑，采用了恭维的方式，先说了母亲的好嗓子，再跟母亲说要对自己的遗传基因自信，既赞美了母亲的优秀，又说明自己有一定实力。父母听到这样的话一定会很开心，更容易同意你的决定。

恭维话在长辈们面前应用的场合还有很多。例如，你的长辈不同意你的婚姻。你可以跟长辈说："我对象的条件是有一些不足之处，但是他的身上有你们吃苦耐劳的精神，我相信和他在一起，一定会把日子越过越好的。"此时，你的长辈可能会反思自己的话，不再强烈反对你。

二、进行类比

类比就是拿父母的经历跟自己的经历做对比，并求得长辈的理解，这种方法更容易让长辈赞同自己的选择。此外，类比还能让长辈找不到反驳你的理由。

> 著名摔跤手肖恩·麦可小时候是个有多动症的孩子，学习成绩一直很糟糕。可是做飞机驾驶员的父亲一直希望他能考上大学，将来当一名优秀的空军飞行员。
>
> 但是麦可没有考上大学。父亲问他："你对自己的以后有什么打算？"
>
> "我想去摔跤学校学摔跤。"麦可说道。
>
> "孩子，你的身材不够高大，我觉得那不适合你。"父亲说道。
>
> "爸爸，我听爷爷说，您年轻时很瘦弱，他希望您学金融。可是您加强体育锻炼，立志做一名空军，并做到了。只要热爱，一切都会改变，不是吗？"麦可说道。
>
> "请让我考虑一下。"父亲说道。
>
> 次日，麦可的父亲带儿子去了朋友开设的摔跤学校。多年后，麦可成名了，记者问父亲："你当初为什么让孩子选择摔跤？"

> "我担心让他做自己不喜欢的事，他不快乐，也不会成功。待到他35岁，我将无言以对。"

案例中，麦可提到了父亲曾经的选择，现在麦可做出的决定跟父亲当年十分相似。若是麦可的父亲当年去学金融，也许会干得很糟糕，而且不开心。父母听到孩子的类比后，大多会换位思考，说服他们会容易很多。

三、说出具有可行性的计划

有时候，我们无法说服长辈，是因为说出的理想没有可行性的计划做辅助，他们可能觉得你是一时心血来潮。说出可行性计划很重要，这样会让父母知道你考虑得很周全，进而可能会放手。在说计划的时候，我们最好有理有据，逻辑清晰，这样更能引起父母的尊重，并给你一些好的建议。

四、向长辈表明你决心已定

有些事你决心已定，长辈知道反对已经毫无意义，就不会再干预了。例如，胡迪参加完司法考试，就想去湖南玩，可是父母、叔叔都劝他去学车。他说："近段时间，我只想找个养眼的地方，飞机票已经订好了。"飞机票都已经定了，就算长辈也不好再说什么了。

五、让长辈畅所欲言

有些长辈一打开话匣子，就很难收住了，尤其是提到一些可能早已经说过很多遍的辉煌过去。这时我们一定要耐心听下去，而不是粗暴地打断他的谈话。如果被打断的话，长辈会以为你对他不够尊重，你再跟他沟通，可能就会不够顺畅。

我们对长辈一定要本着尊重和宽容的原则，尽量以柔和、商量的语气去沟通，若自己的想法的确不具备可行性，至少应该让长辈给自己一些参考意见，这才是与长辈沟通的意义。

与爱人说话要用温情打动对方

美国社会学家做了一个关于离婚原因的调查，被调查的人中有一多半把沟通不畅列为主要原因。这种交流上的失败通常表现为两种方式：一是冷漠，二是争吵。这些离婚夫妻在一起越久，会越厌恶。可是婚姻幸福的夫妻在一起却非常和睦，为什么会这样呢？最重要的一点就是他们懂得同爱人说话要用温情，才会让对方感动。

有人会问，温情是什么意思？一些语言学家解释为温柔而深情。听起来很简单，但是做起来很难，因为它并不只是说话柔声细语和深情款款，而是有很丰富的内涵。若是驾驭不好，会让人觉得假情假意。下面我们就来看看，如何用话语体现出温情。

一、及时沟通问题

恋人之间最温情的相处方式就是不要怀疑、猜忌和试探，有什么问题当面说出来。但是在与爱人沟通的时候要学会语气柔和，而且要让对方感到你对他的爱意，彼此才能相互理解和包容。

小伟和小静是一对恋人，二人经常会因一些琐碎小事而争吵。小静若是感到十分委屈就会回娘家。起初，小伟还亲自去小静家里请求原谅并接她回来。后来，小伟则十分厌恶小静的这种行为，对她何时回来也不再过问。

有一次，小伟去银川出差。因为工作内容是指导当地的农户使用灌溉机，故耽搁了两个月。结果回家后才两个小时，就有客户邀请小伟吃饭，为了工作小伟马上前去，到半夜才回家。

"你一走就是两个月，回来后还马上出去，那还回来干什么？"小静责问道。

"我的工作性质就这样，又不是故意躲着你。"小伟说道。

"我看你就是成心不想见我，没准儿又看上谁了。"小静说道。

"我们又没结婚，要是我外面有人，犯得着还回来吗？"小伟说。

"谁知道你是不是回来拿点用得着的东西就走。"小静说。

"我身份证在身上，其他的东西，哪件不能再买，懒得跟你废话。"小伟说。

"不愿意跟我说话，就别回这个家。"小静说。

"好，我这就走。你以后别来找我。"小伟说走真的走了。

其实，小伟工作如此努力的原因就是为了让小静上班省时省力。两个人租的房子在北京的南五环，但是小静工作的地点在北二环。小伟想：我多赚点钱，就能租得起北二环的房子了（那边的租金至少是南五环租金的二倍），小静就不必起大早挤地铁了。没想到因小静的猜疑，居然导致他们分手了。

其实小伟面对小静的责问和猜疑，完全可以说："不能陪你是我的错，但是我这么做就是想多赚点钱，然后咱们搬到你们单位附近，要不你上下班起早贪黑的，我不放心。"这也是小伟的真心想法，但是心中有温情，却不善于表达，才会让好心被误解，从而引起双方情绪的波动，导致事情向坏的方向发展。因此爱人之间要及时沟通，减少猜忌带来的伤害。

二、爱要说出来

爱人之间想要亲密无间，离不开用温情的语言表达对彼此的在意和心疼。尤其是相恋中的人，不要总是沉默不语。你的无语会让对方不知道你的态度。尤其当你犹犹豫豫时，对方会觉得你对他还有不满意的地方，久而久之，他可能离你而去。因此，不要爱你在心口难开，若是实在口拙，可以发邮件或消息，但是内容要有自己的特色。例如，一个女孩给男孩写了首情诗：

> 我的心像盛夏的石榴，
>
> 饱含着颗颗红玉似的纯真。
>
> 那等待的人如初秋的风，
>
> 吹红我脸，
>
> 愿他把我捧在手心。

诗歌的意思是：爱情就像盛夏的石榴，需要等到一个人才能成熟。我是真的爱你，也希望你心疼我。此等表达，她的爱人读到了，一定会满心喜悦。因为她的诗字里行间都温情满满，而且充满真挚之情。

三、不要指责和埋怨

歌手陈慧琳有首歌叫《都是你的错》，其中有句歌词"都是你的错，关心也是错……你还要把风衣轻轻披我肩膀上……"现实也如歌中所唱。有时候，你的好意都可能被埋怨，何况是做错事情。例如，一位男士对有胃病的妻子说："你胃不好，应该少吃点辣椒。"妻子竟然大怒，说："用不着你关心，毛病都是被你气的。"

埋怨和指责能充分反映一个人的性格。一个爱推卸责任或对别人缺少宽容的人，才会总挑别人的错。你既然拒绝了别人的温情，就很可能导致别人的冷漠。因此，温情还需有懂温情的人。要是前文中的妻子说："我一定改正，谢谢你关心。"就正符合温情的样子。

四、理解

温情离不开理解。因为只有理解对方才会对他宽容和忍让，对他的错误也能有客观的看法。

> 范老师退休后，经营了一家超市。面对过期食品，她用剪子剪开封口，倒进一个袋子里，再用脚踩碎。当她做这件事的时候，老伴邓老师一个人照顾顾客就很费力，却从没埋怨过她。
>
> 有一次，他们的儿子对邓老师说："爸，我妈专干一些没有用的

事情。"

"你妈啊，那是怕贫困的孩子捡过期的食品吃。"

邓老师的毫无怨言，就来自对妻子的理解。生活中，若能理解你的爱人，跟她说话的时候就很难发脾气，而且会出于为她好的目的，帮她分析事情怎么做更合理。

生活中，爱人应该是你最信任的人，所以有问题要及时坦诚地跟她沟通，就算误会一时没有解开，也要有耐心。对爱人的脾气和个性要理解和包容，从更多的角度去看待自己的爱人。此后，再以温情的话语去感动她，这样彼此间的矛盾会越来越少。

想让孩子听你的，说话就要有方法

许多家长都希望孩子对自己言听计从，但往往事与愿违。有的孩子对父母的话充耳不闻，有的孩子有逆反心理，家长越是想让他听话，他越是违背家长的要求。为什么孩子就是不听他们说话呢？因为许多家长讲的话多是唠叨和命令。而且父母小的时候，也可能对他们父母的这种说话方式不胜其烦。由此可推出，孩子不听话的原因跟大人的说话方法有很大关系。那具体该如何改善呢？下面我们就详细看看。

一、尊重孩子的隐私

每个人都有不想让别人知道的秘密，所以家长对于孩子的一些小秘密应该做到不点破、不拆穿、不追问，给予孩子一个属于自己的空间。有些事情，可采用提醒的方式，让孩子知道事情的利弊。

二、把孩子当朋友

孩子虽然要依靠父母生活，但是在思想层面，他不该是一个被家长操纵的小木偶。家长不应该包办孩子的所有事情，并不断提出要求。对待孩子要像朋友一样，多征求孩子的意见。例如，"你觉得学计算机怎么样？""你喜欢音乐，还是美术？"等等。这样孩子不仅能告诉你他的真实想法，还能锻炼自己的思考能力，能让你和孩子之间的关系更亲密。

三、换位思考

孩子与家长的思想有时候完全不一样，家长却想主导孩子，可能会引起彼此的争执或冷战。这时候最有效的办法就是，家长要学会换位思考，以委婉的方式来教育孩子。

> 一位煤矿工人看到孩子新买的包很不顺眼，当着孩子的面便撕坏了，还骂道："我整天在地洞里累得像狗一样，你却花钱买没有用的东西。你看看你那书读的，就没有几科成绩是好的。要是愿意臭美就别念了。"
>
> 后来，这个孩子真的主动辍学了。她跟好友说："当我爸的女儿也很累的，喜欢的东西都得节衣缩食去攒钱买，然后还得符合他的要求才行。我改变不了他，但是我可以离开他。"

类似案例中的事情十分常见。例如，你的父母不喜欢你买的唱片，你一听，他就挑毛病。剪一个时尚的发型也不行，就是一切都要符合他的要求。但是他的要求未必都合理。案例中的父亲，他的审美标准不能代表女儿的眼光。此外，他的孩子买包后，是否还有足够的钱吃饭，这才是一个家长首先应该关心的问题。要是他说："孩子，现在你正在长身体，我觉得多吃点食物比打扮更重要。"孩子也不会辍学。

家长切记，孩子不是你手中的小玩偶。他们有自己的思想，若是不能站在他们的角度思考问题，反而大声斥责，他们必然会从心理上排斥你。

四、与孩子同频

工作中，我们都知道跟同事同频交流十分重要。与孩子交流也是同理，否则就会出现代沟。要想改变这一现状，父母不如去体验一下孩子感兴趣的东西，这样双方就有了共同的话题，沟通起来才能更愉快。这样父母对孩子的内心世界有更多的了解，教育起来才能更有效。

五、不要打击孩子的自信

孩子很容易为一些很小的成绩而开心，并跟家长分享，家长不要以自己的能力为标准去评判孩子的成果，更不要总是拿自己的孩子跟别人家的孩子做比较，对孩子总是不满意，导致孩子缺乏自信。

六、聆听孩子讲话

许多事情，小孩子都知道，但是因为驾驭语言的能力还不足，听起来有些像"胡说八道"。这个时候，父母应该仔细听孩子讲话，并引导他如何表达。时间长了，你们的沟通就顺畅了。

七、想好了再说

许多母亲喜欢碎碎念，孩子听久了，都产生免疫力了，更不会往心里去。家长不如把话想好了再和孩子说，孩子可能更乐于接受。

八、不要喊话和说教

生活中，每个人都不喜欢说话大喊大叫的人，长篇大论的说教更是让人难以忍受。孩子遇到这样的家长，心中只有一个念头——快让我离开他吧。你说得再大声、再多也毫无用处。

九、尊重孩子

很多家长用命令的口吻跟孩子说话，希望孩子马上就去执行，根本不管孩子是否有其他事要做，或者自己所要求的事情是否重要。

> 小东的表妹来他家做客，让小东不忙时帮自己买几本参考书。小东的母亲看他没有马上去做，便大声说："你妹妹就求你点小事，你就不能马上去给办吗？"

> "妈，我今天头疼，再说表妹是开学以后才用，不着急。"小东说。
>
> "你早点买，她不就能先预习了。"母亲说。
>
> "表妹才放假，她也得休息两天啊。"小东说。
>
> "让你干什么都慢吞吞的，要是遇上要紧事……"母亲说。
>
> 小东实在无法忍受母亲的催促，只能去给表妹买书。

一些家长就是这样，只要自己认为重要的事，根本不听孩子拒绝的理由。就像案例中的这位母亲，孩子晚一些去办，根本就不会影响表妹的学习。家长若一再催促，会让孩子觉得你不可理喻，以后再跟他说话，他就可能敷衍，你也很难了解他的真实想法了。

十、多鼓励孩子

我们大人做事都很难一次性就做好，更不能要求孩子一下就做好。只要他有所进步，就给他鼓励，最好再提供一些帮助。孩子会对你充满感激，从而听你的话。

上述方法是许多家长所忽略的，才会感叹跟孩子沟通困难。要是他们采用这些方法，再针对孩子的性格巧妙运用，孩子会把父母当成良师益友，进而听你的话，愿意和你交谈，你们的关系才会越来越密切。

与亲朋好友这样沟通更合适

亲朋好友大多是指亲人、同事和好友。亲戚的含义自不必提。朋和友的含义不同，朋是指同事，友是指好友。利益相同的人可以为朋，意趣相投的人可以为友。例如，古文《朋党论》中，一些官员结为朋党，就是利益相同。而友如竹林七贤，大家的喜好是诗文和酒。

生活中，我们离不开亲朋好友的帮助，但是有些人因不会沟通弄得自己众叛亲离。例如，跟亲朋好友争得面红耳赤，还坚信自己很正确。在亲朋好友面前口无遮拦，却认为大家应该包容自己，否则不值得深交。试问，这些人跟你的关系都是亲密无间吗？亲朋好友之间真是"有理走遍天下"吗？你一定会说不是，所以与亲朋好友说话也要掌握分寸。下面我们看看具体该怎么做。

一、亲人间讲感情，不讲道理

有人愿意跟亲人讲道理，但是人们常说忠言逆耳，所以我们要用感情代替说教。例如，小李已经毕业多年了，一直在北京工作，今年回江西老家过年时，遇到了亲戚们的催婚。大年初二，一家人聚在一起，小李的二姑对他说："小李啊，你这岁数也老大不小了，是不是该找个合适的人结婚了，不然岁数越大越不好找对象，以后怎么嫁得出去啊！"小李听了这话，有点生气，说道："二姑，您还是别操我的心了，先操心您儿子吧！"小李说完这话，二姑的脸色明显不好看了。

其实，小李的二姑可以这样说："小李啊，你一个人在大城市奋斗打拼不容易，我们离你又这么远，如果有个人在你身边替我们照顾你，我们也放心多了。"面对这种情景，小李肯定不会说出上面那样的话，而是会说："谢谢二姑的关心，我会努力的，争取明年给你们带回一个男朋友。"

这样的对话尽显爱意和关心，也更能使对方所接受。亲戚之间讲的是感情，而不是道理。这样感情也会越来越浓厚。

二、要敢于承担责任

亲朋好友之间有时会为一件错误的事互相推卸责任，但许多事都是孤掌难鸣的。这个时候，就不如先承认错误在自己，别人则更可能反思自己的行为，否则大多数的争执只是在争论谁的责任更大。

> 　　一个哥哥对弟弟说："你咳嗽的时候要控制点，要不扁桃体会发炎的。"
>
> 　　"已经发炎了。就怪你，你都感冒了，还整晚吹空调。半个月都不好，把我都传染了。"弟弟说道。
>
> 　　"你体质不好，怎么能怪别人呢？"哥哥说道。
>
> 　　"我长得瘦，不代表多病。你倒是每次流行性感冒都没落下过。"弟弟说道。
>
> 　　"明天我睡客厅。连好话都听不进去。"哥哥很生气地说道。

　　案例中的弟弟就是在推卸责任，还拒绝了哥哥的一番好意，对方当然会生气。他要是说："谢谢哥，我觉得我感冒都怪自己没制止你吹空调，否则就不会着凉了。"这么一说，不仅表达了谢意，也是在委婉地向哥哥建议，晚上不要再吹空调了，可谓一举两得。

三、不要陷入镜子效应

　　所谓镜子效应就是以牙还牙。毕竟是亲朋好友，大家都不留情面，以后见面就会很尴尬，所以不要跟亲朋好友争口舌之利。就算赢了，却使得对方对你冷漠和敌视，得不偿失。

四、谨言慎行，不要过于炫耀

　　也许你在亲朋好友中有很多可以炫耀的条件，例如才学、相貌、家庭、事业等，但是千万不要不分场合地表现自己，尤其是炫耀自己，贬低他人。这样做不仅会伤到亲朋好友的自尊，还会让别人轻视你的品行，以至于和你断绝往来。

> 　　一次同学聚会，有同学谈到了以前班上成绩让人羡慕的杜鸿飞。
>
> 　　"今天他没来，真遗憾，谁知道他现在忙什么呢？"有位同学说。
>
> 　　"鸿飞啊，我让他忙他就忙，我让他不忙，他就不忙。"大春说。
>
> 　　"难道你是他的老板？"王洋问。

> "是啊，他在我的出租车公司干两年了。"大春说。
>
> "你今天怎么没喊他来啊？"王洋问。
>
> "他哪有脸来啊。"大春说。
>
> "怎么了？"王洋问。
>
> "性格抑郁，总喝酒，上个月被我开除了。"大春说。
>
> "同学一场，你倒是照顾他一下啊。"王洋说。
>
> "他一喝多就休班，我可一分钱都没有扣。"大春说。

很多人不参加同学会的原因，就是害怕遇到爱炫耀的同学，伤了自己的自尊心。大春却在同学们面前贬低自己的同学，以抬高自己的身份。这样的行为会让他人对他敬而远之。他既然能嘲笑鸿飞，也有可能会轻视其他不如自己的同学。

五、对亲朋好友也要信守承诺

亲朋好友可以宽容你的言而无信，但是从此以后你将失信于人，再有事求他们的时候就算好话说尽，大家也可能不去帮助你。尤其是朋友之间，大家相交的基础就是诚信，你借朋友的东西，要及时还，而且还应加倍爱惜。如此，朋友才会更加信任你。

六、注意小节，不要让朋友产生反感

有人认为朋友之间，应该直率大方，不拘小节，方能显示出亲切。但过于散漫，也会让对方感到你很粗鲁，尤其是指手画脚、讽刺嘲弄等行为，会让对方产生反感。所以就算是面对朋友也要给对方留下素质很高的好印象，才能确保友谊更加长久。

七、不要强求亲朋好友的帮助

我们有困难的时候，首先想到的就是亲朋好友，可是亲朋好友也有自己的时间安排或者难处。不能因为大家有交情，就强求亲朋好友非帮你的忙，有时候，他们也会左右为难，因此，强求他们几次以后，他们就有可能找一个理由避开你。

> 李磊对微电影很感兴趣，就强求在设计公司工作的朋友王萌帮他拍摄和剪辑。王萌帮他制作完一个微电影以后，他还让王萌帮他再制作一个，并说："你在这方面是行家，不过是举手之劳。"
>
> "小磊，我学的是环境设计，跟影视设计相差很远。这次帮你已经累到筋疲力尽了，以后你还是另找他人吧。"王萌回答道。

求好友帮忙最忌讳得寸进尺。案例中的李磊就是这样，对别人的劳动也不够尊重。你说别人举手之劳，代表着他为你付出，你可能不在意。因此不要随意强求朋友，也不要在求人时说错话。

八、注意场合，进退有度

当我们去亲朋好友家时，若是他在看书或家中有客人，不要自恃跟他是朋友就去干扰他，或者在朋友的客人面前夸夸其谈，喧宾夺主。朋友一定会认为你太缺乏教养，以后就会想办法避开你，以防打扰他的生活。因此我们遇到朋友不便于接待的时候，简单寒暄两句就赶紧离开。这时，朋友觉得你是个肯替别人着想的人，可能更愿意跟你交往。

九、开玩笑不要过火

有人愿意在他人面前拿朋友开玩笑，一是为了逗大家一乐，二是表示和朋友关系亲密。但是开玩笑时，乱用尖酸的语言，挖苦好友，让好友出洋相，会让朋友有一种被侮辱的感觉。朋友之间相处，也要有分寸。尤其是在众人面前，就算开玩笑，也应该只是为了活跃气氛。

十、要善于接纳亲朋好友的建议

当我们有新的选择或难处时，朋友会给自己提一些建议。若是我们都不采纳，朋友会觉得你无视他，认为你是独断专行的人，以后就可能日渐疏远你。对朋友的意见，就算没有采用，也要跟朋友说清楚自己的想法，让朋友觉得你很尊重他。

如何一开口就让陌生人听你的

在生活和工作中，我们不可能不与陌生人进行交流。如何一开口就能让陌生人喜欢听你讲话，是一门很高深的学问。例如，一位老师不擅长语言技巧，就算有再好的学识，也很难有很好的教学成果。下面我们就来看看，有哪些办法可以让你受到陌生人的青睐。

一、自信

一个缺乏自信的人，说话时很难大声，阐述问题时也会支支吾吾。此外，还不敢正视别人，这正是缺乏自信的表现。你的行为无法让陌生人快速知道你的目的，他自然不会愿意理你。

二、微笑

微笑能代表善意、歉意、坦诚等意思，而且在任何一个国家和地区都通用。当你向别人展示笑容，再与他进行沟通，就会变得容易很多。

三、第一印象

我们与陌生人接触时，一定要把自己最好的行为习惯展示出来，给他人留下一个好印象。这不仅是对别人的尊重，也是展示自己素质的时候，也有利于你们的交流。

四、懂得变通

有时候，陌生人正在打电话，此刻就不要去打扰，可以等到他放下手机再去与他谈话，这将有利于你们的交流。

五、话题

话题在与陌生人谈话的过程中有着至关重要的作用，古人说"话不投机半句多"，就是话题不对的意思。有人说，我对对方一无所知，根本就找不到话题。其实，有些话题的提出，根本无需了解对方。例如，问一些开放性的话题，不要让话题有标准答案。如此一来，你就可以继续提问。

王成报了一个旅行团，自由活动那天，他问同宿舍的陌生人："你今天有什么打算？"

"我决定去丽江古城转一圈。"陌生人回答。

"我也听说过那里，你以前去过吗？有什么吸引你的地方？"王成问道。

"那里的小吃很棒，要不要同去？"陌生人回答。

"求之不得。"王成回答道。

这就是开放性的问题。王成问对方时说："你有什么打算？"而不是说："你要去哪？"对方回答的可选择余地就很大。若是对方说："我有可能去丽江古城，或许去看歌舞演出。"你就可以追问："你觉得哪一个更值得？"话题就更多了。此外，王成问丽江古城对陌生人有什么吸引力，这要比问"你以前来过这吗"要好很多。后者若回答："来过。"话题会就此结束。前者的发问可能正是对方的兴趣点，他就很容易回答你的问题。

六、注意对方的性格

有些人不喜欢交流沟通，要是你的谈话让他感到不耐烦，你就应该主动结束，以免让对方感到厌烦。

七、让自己看上去很有亲和力

与陌生人谈话，语气不可太严肃或生硬，而是应该富有亲和力。此外，还要注意自己的肢体语言。例如，不要在跟陌生人说话的时候玩手机，而是要和对方保持目光接触，语气柔和地问对方问题。

杨哲初到北京时，在北京西客站向一位中年妇女问路："大姨，南广场怎么走？"

"小伙子，你说话能不能不这么冲。"中年妇女说道。

"冲"在北京话里是生硬、着急的意思。

> "对不起，大姨，我是东北人，说话有点急。"杨哲说道。
>
> "你一直向前走就到了。"大姨笑着说。

我们说话若是急躁，会给人一种轻视或不耐烦的感觉。试想，一个陌生人为什么要接受你的轻视和不耐烦，所以我们的言行和举止一定要有亲和力。

八、利用好身体语言

要是陌生人突然跑过来跟你说话，你一定会感到莫名其妙。我们与陌生人交谈也不要给他留下唐突的印象，我们可以用身体语言向对方示意你有交谈的意愿。例如，向对方点头微笑，有助于搭建彼此沟通的桥梁。

九、做最简单的互动

初次与陌生人相见，就抛出一个沉重的话题，很可能让对方失去兴趣。若是尬聊，那就是忽视一些可以利用的话题，但用心寻找就会发现，总有一些小事可以成为你们谈话的契机。例如，在公众场合请陌生人帮一个小忙，或者询问一些大家都在经历的事情。在球场打球，可以麻烦陌生人帮你捡球。在被堵的公交车上，可以询问同车的陌生人，是不是附近发生了交通事故，等等。这样对方都能跟你交流。

十、自我介绍

我们跟陌生人认识以后，通常会做自我介绍，千万不要忽视这个环节，因为它能让对方觉得你是一个很有趣的人，这对和陌生人交流来讲十分重要。

> 徐之明是闻名全国的考研政治辅导教师。在给学生进行辅导前，他这样介绍自己："同学们，感谢你们选择听我的哲学课，我的名字就是一个哲学问题。人们常说，前途是光明的，道路是曲折的，指的就是我，我叫徐之明。"
>
> 因为徐老师的自我介绍，学生们都很想听他讲课。

"徐之明"就是一步步走向光明的意思，徐老师若是不说，同学们可能不会对他的名字产生多大兴趣。但是听他如此风趣地介绍自己的名字，同学们就想马上听他讲课。我们在做自我介绍的时候，应该向对方介绍自己的不同之处，对方会更愿意听你讲话。

十一、不必担心对方会有不同观点

通常情况下，我们都愿意从谈话中寻找和陌生人的共同点，但是有时候，意见不合也未必是坏事。我们可以通过分歧让对方看到自己的性格和智慧。此外，一些新的观点对陌生人更有吸引力，但是要是发生了争执就赶紧让步吧，对方若动了情绪，就不会听你说话了。

十二、讨论最安全的话题

所谓安全问题，就是尽量不要谈论信仰、价值观等容易发生分歧的问题。大家可以谈谈娱乐或体育等话题，切记，不要攻击对方的偶像。例如，我的一个同学十分喜欢李玟，我就不能说李玟个子矮，而是说李玟很优秀，还跟迈克尔·杰克逊同台演出过。他就会说，亚洲有这样经历的女明星屈指可数啊！要是我们这样和陌生人聊天，双方都会很开心。

只要掌握以上方法，让对方听你讲话并非难事，但是要不断地丰富自己的知识和阅历，才能跟陌生人有更深入的谈话。也许正是一场深入的交谈，使你获得了改变人生命运的机会。

结语：积极改变自我，做一个有影响力的人

许多人都希望自己能做一个有影响力的人，可以通过自己的言行去改变别人，从而成就自己。但是要实现这一点，不仅要提升自身的素质，还要了解别人的个性、文化程度、工作性质、喜好等，才能靠沟通或行动得到对方的响应和支持。

从自身来讲，我们需要通过学习来掌握多种演讲技巧，并将其融会贯通。此外，还要多看相关书籍，不仅可以丰富自己的论点、论据，还能提升个人修养。例如，一位企业家借助心理学的知识激励员工，对员工产生了很大的影响。每个人都需要尊重，我们要按照对方的意愿，采用正确的言行去引导，同时千万不要忽视对方的诉求，这样才能提升自己在对方心中的美誉度，进而把你介绍给周围的人。

在自我和他人之间，自我是能让对方信服的内因，对方的反馈是促使你成功的条件。我们首先要做到的就是自信。要想做到这一点，最好的办法就是通过反复练习来提高演讲的能力，这样在台上才不会出现说话不畅的现象，听众才能听懂你演讲的目的。

有些人掌握了很多的演讲技巧，但是依旧无法影响对方，这就需要从自己的风格和技巧上找原因了。你会很多演讲技巧，但是没形成自己的风格，这样将很难调动听众的情绪。从说话方式来看，演讲者不要因自己的身份和学识去恃才傲物，也不能过于谦卑，否则会给人缺乏自信的感觉。

　　此外，大家还需要有这样的理念：演讲者的魅力不只是由话术决定的，还包括他的行动。只有言行合一的人才能得到更多人的认可。例如，企业家董明珠，她的演讲之所以受到员工的欢迎，主要就在于她是一个言出必行的人，所以员工信任她。这对她提高美誉度来讲至关重要。

　　此书写到终章，对我自己来说，不仅是一次最好的学习机会，还能感染他人，这让我非常有满足感。最后总结一句，我们在演讲前，首要的事情就是改变自我，这样才能脱颖而出，给成功带来更大的帮助。